ゆる〜く、楽して、ミラクルを手に入れる！

アセンションエレベーターに乗る4つの鍵

スピリチュアルakiko 著

プロローグ

普通の主婦だった私が なぜかインドでスピリチュアルヒーラーに!?

私はいま、インドのコナラクという村に住んでいます。インド人の夫とかわいい3人の子どもたちを育てながら、ボーッと牛やヤギを見ながらのんびりと暮らしています。

ボーッとのんびり、とはなまけ者のようですが、この境地にたどり着くまでは、私も多くの日本人のみなさんと同じように、ひたすら仕事をしたり、ひたすら動き回ったり、ひたすら家賃や生活費などお金の心配をしたり、ひたすら将来を不安に感じたり、まぁ、とにかく、不安だらけでいろいろなことをがんばってきました。がんばるのがあたり前だと思って、自分にむち打って「もっと、もっと」とやっていました。

でも、その結果、得られたものよりも生きづらくなる一方で、八方ふさがりになってしまいました。

明るかった私はすっかり豹変してしまい、心や身体のバランスを崩し、子どもにあたったり、元気がなくなっていったり、周囲と自分を比べて悲しくなったり、嫉妬の心が芽生えたり、自分のことが情けなくてイヤになってふさぎこんでいました。お金も貯まらず、むしろ毎日ギリギリ、いやマイナスの生活だったり…。

当時は、その原因がまったくわかりませんでした。周囲のみんなもそうやってがんばっていたし、自分のがんばりがまだ足りないのかな、私はいったいどうすればいいのか、まったく道が見えず苦しすぎて、いつも何がいけないいんだろう、どうしたらいいんだろうと自問自答していました。答えが見つからない暗闇の中にいるような状態がずいぶん続きました。本当によく耐えたなと思います。

いまならその答えがわかります。私がしていたことや信じていたことは、すべて真逆、宇宙の法則に「逆走」していたのです。

私たち人間がよいと思うこと、これが正しいと思っていること、常識だと信じていることは、果たしてすべてそうなんでしょうか。

神様たちは、人間に「もっとがんばれ！　もっとがんばれ！　もっとがんばれ！」

とずっとお尻を叩いているのでしょうか。

もちろん、「いまはこれをやる！」という気持ちはとても大切です。でも、やりたくないことを無理やり歯を食いしばって続けていくやり方ではうまく行かず、限界がきてしまいます。この形はもう古くて宇宙の応援は入ってきません。この世界のしくみは私たちが驚くほどに、実はとってもシンプルで優しく（易しく）、寛容で、自由なものだったのです。

いままさに昔の私と同じような状況に置かれている多くの人たちにお伝えしたくて、インドから本書を書くことにしました。

それをお話するためには、まず、私のことを少し説明させてください。

私はもともと両親が長野出身なので、長野で生まれ、東京下町で育ちました。特に不自由ない暮らしをしていました。

高校生のときアメリカに行ったことがきっかけで海外が好きになり、20代のころは海外に住んだり、バックパッカーとして世界中をふらふらと興味のあるところに一人で旅をしていました。そして、旅先のインドでひょんなことから、とあるインド人男性と出会い、縁があって結婚することになったのです。

私たちは「いつかゲストハウスを建てたい！」という目標があったので、仕事やお金のことなどを考え、まずは日本で一緒に生活することにしました。

子どもも生まれ、育児と仕事の両立をこなす日々でした。主人も一生懸命日本の生活や仕事をしてくれていましたが、いまから7年前に主人のお母さんの調子が悪いからと急に主人だけがインドに帰ってしまい、私と乳飲み子は日本、彼はインドという遠距離の別居婚がスタートしました。


最初はすぐ帰ってくると言っていたのに、この別居は3年以上続きました。

これは想像以上に大変で、小さい子ども2人（当時1歳と3歳）を一人で育てながらも、夫からの仕送りもなく生きるために仕事をしなければなりません。あの当時を振り返ると本当に大変で苦しすぎました。生活はどん底でいつもギリギリの状態、仕事をやってもやっても全然楽にならず、子どもの面倒も見ながらの生活は心も身体も限界に来ていました。

「どうして、こんなにがんばっているのに、心も身体もお金もすべてがどん底なんだろう！　なにが間違っているんだろう…」

そう思いながらも、日々の生活に追われ、自分をどんどん追い込んでいってしまったのです。

そんな状態で悶々《もんもん》としていたのがちょうどいまから5年前です。自分の人生が大変だったので、なにかないかと模索していたときに、潜在意識を使って自分の人生を変えている人と出会い、「自分もそうなってみたい！　自分を変えたい」と思って、その人がやっていた潜在意識のブロック解除の講座を最後の賭けのような感じで学びに行ったのです。お金も精神的にもギリギリだったので今後どうなるのか本当に怖かったです。

私はすべてを賭ける覚悟でこの講座を受けに行っていたので、ずっと手が震えていました。手汗もすごくて何回もタオルでふくほど極度の緊張感をもって講座を受けていました。

講座には6名の参加者がいて、他のみんなは、先生から与えられた問題に対して、「カニが見える」とか「ヨットが見える」とかいろいろなビジョンが見えているのに、私だけなにも見えなくて、肉眼でイメージを見ようとしていたので自分のまぶたの裏ばかり見ていて気持ちが悪くなっていました。焦りまくって落ちこみそうでしたが、それでいいんだと先生に励まされました。前世もみてみたのですが、よくわからず、眉間にしわをつくりながら無理やり絞り出していたぐらいです。

当時、私はなにもよくわかっていなくて、また力も入りまくっていたので、空回りばかりでしたがなんとか卒業することができました。

その後、実際のお客様にもどんどんセッションをしていきました。お客様に施術すると、自分のブロック解除になっていくのです。セッションをすればするほど、自分自身がどんどん変わってきて、どんどん枠がはずれてきて軽やかになっていきました。

ブロック解除をはじめてから1年経過したころ、私の行うブロック解除は、霊視に近いとお客様たちから言われるようになり、驚きました。

そのときは霊視というものもよくわからなくて、ネットで「霊視」という言葉を検索したほどです。自分に起きている変化がよくわからないままに、自らのスピリチュアルな能力がどんどん開花していきました。前世でも使っていた能力が思い出されて、発揮されてきたというほうが正しいかもしれません。おそらく潜在意識のブロック解除とお客様のセッションを通して実践を積んでいった経験の相乗効果で、開花していったのでしょう。

そんなとき、あるセッションを受けたら、私がアンドロメダやアルクトゥルスなどさまざまな星で生まれ変わっていたことがわかりました。

私のガイド（守護してくれている存在）も青と白のストライプの3メートルくらいある宇宙人だと言われ（！）、本当に衝撃的でした。

これが本当で、この地球で「私」として生まれ変わっているのならば、自分はいったい地球になにをしにきたのか、という疑問にぶつかりました。そして、その答えは、「地球の人々にアセンションを伝えにきたんだ」ということがわかったのです。

そして、同じ時期に自分自身が長年苦しんで、外側に答えをずっと求めていたけれど、実は、すべての答えは自分の内側にあるということもわかってしまったんです。そして、自分の感覚や直感を200％信じられるようになりました。

自分が宇宙で生まれ、宇宙を体験していた魂だと知れば、自分の潜在的な能力に気がつき、スピリチュアル能力が一気に花ひらきます。

いまは地球の波動も人類の波動も上がっているので、みなさんが私のように段階を踏んでやらなくても、ちょっとしたコツがわかればどなたでも簡単にアセンションに向かうことができます。

そのコツの一つは自分自身のハイアーセルフとしっかりつながっていること。重い周波数を手放していくこと。ここさえちゃんとおさえておけば、他に特になにもいらないと言っても過言ではありません。

人は簡単に必ず変われます。人生がびっくりするほど激変します。その秘密は、宇宙のからくり、真理を知り、宇宙的に枠をはずして自由になり、自分のハイアーセルフにすべてをゆだねることです。

そうすれば、人生は自動操縦で道がひらけていくのです。誰かに聞かなくても、どこかで相談しなくても、自分自身の内とつながれば、おのずとすべての答えが明らかになり、なにを選ぶべきなのか、どこへ向かうべきなのか、気持ちよいくらいに一切迷わなくなります。自分も幸せになり、勝手に周りも幸せに豊かになっていきます。

すごいです。そして、アセンションエレベーターにいつのまにか乗って、行きたいところにたどり着いているのです。

今世この地球に生まれた魂たちは、人生の悲喜こもごもを味わい、最終的には新たな次元に向かうために生まれてきているんだと思っています。そのためには必要以上の苦労や辛抱はいりません。

これからは楽々進むことを自分に許して、全員でアセンションエレベーターに乗り、簡単に次元上昇と意識上昇を実現し、次の世界、本来の自分の力を見る旅へ向かいましょう！

スピリチュアルａｋｉｋｏ

ゆる〜く、楽して、ミラクルを手に入れる！

アセンションエレベーターに乗る４つの鍵／目次

第2章 たった4ステップでアセンションエレベーターに乗れる「akiko流★メソッド」

第3章　アセンションの妨げになる原因を見つけて癒すパワフルメソッド

第４章　宇宙の波に乗るとミラクルの連続です

第１章

ハイアーセルフこそ本当のあなた自身なのです★

●ハイアーセルフ

直訳すれば「高次元の自己」。高次元の魂であり、本当のあなた自身のことです。別のあなたが存在しているのではなく、いま存在しているあなたは、ハイアーセルフが小さくなったごく一部の存在なので、あなた自身がハイアーセルフなのです。そして、ハイアーセルフとは、潜在意識のことです。人の意識には、見る、聞くなど、自分で認識できる顕在意識と、それ以外の領域である潜在意識があり、普段外側にあらわれていない潜在意識こそがハイアーセルフの正体です。本来のあなたであるハイアーセルフと意識してつながることができれば、魂をさらなる高みへと導くことができ、願望実現、そして、アセンションへの近道となります。

ハイアーセルフってなに？

ハイアーセルフという言葉を聞いたことがある方も多いでしょう。このハイアーセルフがあなたの人生を変える鍵となります。

ハイアーセルフとは「高次元の自己」、もっと簡単な言葉で言うと、「本当のあなた自身」です。

「え？　いまここに存在している私は私じゃないの？」

そんな疑問が出てくると思いますが、**いま、ここに存在しているあなたは、言うなれば、ハイアーセルフが小さくなったごく一部分とイメージしていただけたらよいかと思います。本当の、等身大の、純粋なあなたはハイアーセルフであり、そこから分離したようになっていまのあなたになっているのです。**

よく、スピリチュアルの世界では、「ハイアーセルフと統合する」とか、「ハイアーセルフとチャネリングする」とか、いろいろ言われていますが、**この地球の次元（波動）が、昔よりも高くなっているので、それにともない人類の波動もどんどん上がってきています。そのため、自分自身がハイアーセルフとして生きるようになってきているのです。**

「ハイアーセルフとともに歩いている感覚」というのがピンとこない人もいるかと思いますが、私自身がハイアーセルフとともに進んでいる感覚があって、さまざまな恩恵をたくさん受けています。

みなさん一人ひとりにもハイアーセルフがいて、感覚はなくてもいつもつながっています。それが今後は一体化してハイアーセルフの力を意図的に使って進んでいくのです。

これが本書の鍵であり、とても大切なポイントですので、この方法や進み方をみなさんにもお伝えしたいと思います。

ハイアーセルフは、高次元の自分自身で魂そのものです。

どんな存在かと言うと、いま、自分自身が存在していますね。それと同時に、過去世の自分や未来世の自分すべてを統括している魂がハイアーセルフです。過去って一つでなく、100個、200個以上あり、未来も100個、200個以上あるんです。それらをすべて統括しているのがハイアーセルフなのです。

ですから、ハイアーセルフにつながっていると、いまのあなただけでなく、過去世や未来世からの情報もどんどん入ってくるようになるので、本当に情報量がものすごいのです。

そして、自分自身の本来の波動を感じられる状態なので、とっても心地いいんです。気持ちいいんです。

いまの自分自身は、宇宙そのものである本来の自分自身が小さくなり、肉体に入っているので、視点も小さくなってしまっています。

ですが、日常生活でつねにハイアーセルフとつながっていると、視点が拡大するので自分の人生をどんどん変えていけますし、ミラクルの連続です。

ワクワクが持続して、本来の自分自身でい続けることができるのです。

では、ハイアーセルフとつながっている状態とは、どんな感じなのでしょうか?

よく聞くのは、「ハイアーセルフ様」みたいな感じで、ハイアーセルフをとても特別な存在としてあがめたり、神様のように扱う傾向がありますが、そうではありません。

ハイアーセルフは高次元の自分自身ですから、特別扱いする必要はなく対等です。自分自身の魂ですから、自分に対して、ひざまずいたり、様をつけるのはおかしいですよね。いつもつながっている存在として、身近で気軽な感じがよいと思います。


では、どんなときにハイアーセルフとつながっているかと言うと、「安心、ホッとする、リラックス、好きなことをしている、無になっているとき」です。


たとえば、朝起きぬけで、頭がボーっとしているときとか、お風呂に入っているときとか、夜寝る前とか、好きなことに没頭して時間を忘れているときとか、安心して、リラックスしている時間が実はハイアーセルフとつながっている瞬間なんです。

こういう時間をなるべく多くとると、自分自身が本来の自分にどんどん戻っていきます。かつて私も、ハイアーセルフは特別なものだとか、遠い存在とか思っていたのですが、いつもつながっていて、しかもリラックスや安心している波動がハイアーセルフと同じだとわかったときは、目からうろこが落ちた気分でした。

地球ってとても不思議な場所で、ボーっとしていると周囲からなまけ者と言われたり、ちょっと白い目で見られたり…。そんな経験ありますよね？

私も小さいときによく生あくびをしたり、ゴロゴロしていると、母から怒られたりしていました。

でも、よく考えると、それってハイアーセルフとつながっていたんです。本当はこの状態こそ、ものすごくリラックスしていて、最高に気持ちよくて幸せでよい波動の状態なのですが、当時はよく怒られていたのでいけないことなのかと思っていました。子どものときは、自分の感覚でやりたいことをするので、それがよかったんですよね。

もしそういうことがなかなかできない人は、ご自分のお子さんや周りの小さい子たちの行動を見習うとよいかもしれません。私もよく子どものまねをしています。もしくは、子どものころを思い出して、思いのままに行動してみてもよいと思います。

多くの日本人は、勤勉で働き者ですので、そんな自分に罪悪感を抱いたり、周囲に申し訳ないと思ってしまいがちです。

でも、安心してください。自分がそういう瞬間を心地よいと感じるならば、それはハイアーセルフとつながっている時間ですので、それを大切にしてください。

私の例でいうと、昔の自分は思考が強い人間でしたので、いつもなにかにせかされていて、音楽を聴く時間も無駄だ、その間にやるべきことがあるじゃないか、と思っていたタイプでした。とにかく動きたい、なにかをしていたい、という気持ちが強かったので、ボーっとするなんて無意味なことをするのが自分にとって一番苦手だったのです。

でも、いまの自分は真逆です。ボーっとすることでハイアーセルフとつながっていることがわかっていますので、ボーっとしたいときには一生懸命にボーっとしたり、ゴロゴロしたり、眠い時は何度も寝て三度寝なんかもしているほど、自由気ままに過ごし、頭のねじをはずしています。

外に働きに出ている方々は、会社や他人のペースに合わせないといけないのでなかなか難しいと思いますが、プライベートではなるべく自分の好きなことをする時間を長く取り、疲れてボーっとしたかったらそうしてください。それも意識してなるべく多くの時間を取るようにしてみてください。

仕事したければ仕事をする、したくなければしない、子どもの世話が大変ならば誰かにお願いする、頼る、といった感じで周囲にもお願いして、全部を背負いこまないことです。

やらなくちゃいけないことというのは、意外とやらなくていいことも多いのです。しかもやりたくないという気持ちが外側に出ていることが多いのです。やりたくないというのは、楽しくないですよね。そして、そういう状態ではハイアーセルフからずれているので、すべてがうまくいかなくなります。

あなたがあなた本来の魂と一心同体になるためには、「安心、ホッとする、好きなことをする、無になる」。一言で言うと「ボーっとする」、これだけです。

あなた自身が本当はハイアーセルフですので、やりたくないことをやっているときには、みずからハイアーセルフからはずれることを選択してしまっているのです。

私もインドで暮らしながら、のんびり空を見上げたり、お茶を飲んだり、音楽を楽しんだり、妄想したり、もういろいろと好きなことばかりしています。この状態がハイアーセルフとつながっている状態ですから、みなさんも意図的に日常的にどんどんやってみてください。一日のどこかで、自分のペースでときを過ごすことが大切です。

あなたとハイアーセルフの関係性はアラジンと魔法のランプ

突然ですが、潜在意識という言葉を聞いたことはありますか？

なんとなくは知っている人、よく勉強されている人もたくさんいらっしゃると思いますが、人生を好転させて、アセンションするためには重要な部分なのでお伝えしたいと思います。

実は、ハイアーセルフとは、私たちの潜在意識のことなのです。人の意識には、顕在意識（見る、聴くなど自分が認識できる意識）と潜在意識（自分で認識できない意識）がありますが、顕在意識は10％ほどしかないといわれています。**人は普段、自分の意識の１割程度しか使っていないのです。残りの９割を占める潜在意識はほとんどの場合は眠っており、活用されていません。**

でも、本当はこの潜在意識こそがハイアーセルフの正体であり、眠らせておくのは

とてももったいないことなのです！　私たちの中に眠っている90％の潜在意識をもっと意図的に活用したら、ものすごいことになっちゃうのがわかりますよね！

世界中の成功者たちはみんなこの潜在意識の力を１２０％駆使できている人たちなのだと思います。

ですから、私たちも潜在意識の力をどんどん使っていけば、ものすごいところまでいつの間にか到達できてしまうということです。

唐突ですが、『アラジンと魔法のランプ』のお話をご存じですか？

アラジンが私たち人間で、魔法のランプがハイアーセルフです。

みんなが魔法のランプをもっているのですが、ランプの使い方を知らないと、ただもっているだけでその力を享受することができません。10％しかない顕在意識の部分ばかりに強く意識が向いているので、10％の力しか使えていないようなものなのです。

ですからアラジンがオーダーを出して、ランプがその願いをかなえてくれるように意図的に使っていく必要があるのです。

日常はいまの自分の気持ち（波動）が魔法のランプに届きます。

自分が「なんかいま不安だな～」と思ったら、宇宙の引き寄せと同じで、ランプは不安をオーダー通りにもってきてしまいます。

「ああ、楽しいなぁ♪」と思ったら、楽しいことをランプはもってきてくれます。

それをアラジン（人間）が意図的にオーダーを出して、そのあとに魔法のランプが、直感、インスピレーション、気づきとしてキャッチして、降ろしてくるのです。この直感、インスピレーション、気づきの感覚はとっても大切なので、その感覚が来たら、なるべくキャッチするようにしてください。

どんなオーダーを出してもすべてランプはかなえてくれます。ランプはご主人様にびっくりするぐらい忠実なんですよ（笑）。しかも発想が斬新で面白いので、予想以上の仕事をしてくれちゃいます。

ですから、**意図的（←ここ、とっても大切です）に自分の願いをオーダーすることで、ランプが動き出します**。

一人ひとりが潜在的にものすごい力をもっていて、その力を発揮できれば、思い通りの人生に書きかえることが簡単にできるのです。人生があっという間に変わってしまう人を何人も何人も見てきています。

私がこれまでこの法則を知らなかったために本当に苦労して、逆走人生をひた走ってきたので、みなさんには最短の直線コースで一気にこの方法で人生を素晴らしいものにしてほしいです。

まずはハイアーセルフである魔法のランプに、あなたのオーダーをしっかり出しましょう！　ランプはご主人様のオーダーを待っています。オーダーを出さないともちろんかないません。オーダーを出したら、あとは忘れて自分の波動を整えるだけです。

ちなみに、顕在意識も悪いものではなく、危険を感じたり、目で見える世界をいろいろと五感で判断したりする能力でもありますから、決して邪魔なものでも、悪でもありません。顕在意識を使いつつ、私たちの思考の部分、顕在意識とうまくつき合っていくことがとても大切になってきます。

ですが、人にはそれぞれ長年つくられたその人なりの考え方の癖というものが必ずあるので、生きていく上で足を引っ張ってしまったり、足を止めてしまったり、行動の制限をしてしまう場合も多々出てきてしまいます。ハイアーセルフそのものである、安心、リラックス、ゆるゆるの波動とは逆の、心配、不安、緊張の波動を生み出してしまうのも顕在意識の世界です。

ハイアーセルフと自分の関係は
アラジンと魔法のランプ

ですから、**解決策としては、顕在意識とも仲良くしつつ、潜在意識の力を信じてゆだねて、１２０％発揮できるような生き方をしていくことが最良です。**

自分がつねにリラックスして、好きなことをして、ボーっとしているときこそ、自分がハイアーセルフそのものになっている瞬間です。

そのときには顕在意識と潜在意識のさかいがなくなっていますので、思考が働かなくなってきて、私たちが本来の自分自身でいることができるということです。**もともと私たちは潜在意識であり、ハイアーセルフそのもので、高次元の存在なのです。**

一番のポイントは、潜在意識の力、眠っている90％の力をどう使うか、です。

すでにもっている能力を使うだけですから、特別な努力なんていりません。肩に力を入れる必要もありません。むしろゆるんでいるほうがうまくいきます。結局、意識的に自分がリラックス、安心できる環境に身を置く、好きなことをする。これだけです！　ものすごく簡単だと思いませんか？

イヤな人たちと無理やりつき合ったり、しぶしぶ嫌いな仕事をし続けたり、ストレスだらけの環境に身を置いたりしていると、ハイアーセルフとは真逆の世界ですので、潜在意識につながりにくくなってしまいます。

本来の私たちはそのままで最高最善の存在であり、とってもすごいんです。

ハイアーセルフの力が使えないということは、自分の考え方の癖だったり、強い思考だったり、こうでならなければいけないという分離した考え方だったり、世間の常識にぐるぐる巻きにされて動けなくなった自分自身だったりするのです。

ですが、**もう古い思考や常識といった重いベールは捨て去り、軽やかに、楽しく、本当のあなたで生きるときがきました。地球の波動がどんどん上昇しているいまこそ、人類もそれに合わせて、一緒にアセンションへの準備をしていきましょう。**

もう一度お伝えしますが、あなたらしくいてよいのです。あなたはそのままで、これ以上ない最高の存在なのです。

ハイアーセルフとつながる方法

先に書きましたが、ハイアーセルフとつながっている状態は、自分が素の自分自身、本当の自分自身でいるときです。「安心、ホッとする、リラックス、好きなことをする、無になっている」ときの波動と、ハイアーセルフと一体になっているときの波動こそがまったく同じものなのです。

そして、そのときの波動は、宇宙と同調している状態です。まさに最高の状態なのです！

逆に、それ以外の状態のとき（イライラ、焦り、不安、不快、しぶしぶ、気持ちが乗らない、義務感、怒り、落ちこみ、悲しみｅｔｃ…）は、ハイアーセルフからずれていますので、ものごとがスムーズに流れづらくなります。

地球に生きていると、「あれもやらなきゃ」、「これもしなきゃ」の嵐で、頭や体が休まるときがありません。

でも、自分がいかによりよく生きるか、より幸せに生きるか、が一番大切なんです。「自分の心の思う通りに生きる」、「自分の心に嘘をつかない」ということです。さらに、周りの人たちとも調和して、みんなで幸せになっている状態こそが最高だと思います。

地球的な考えですと、どうしても、比較が生まれたり、嫉妬、不安、心配、怒りなどの感情がつねにふつふつと湧いてきてしまいがちです。

**ハイアーセルフとつながっている状態
＝「リラックス、ホッとする、安心、無の境地、好きなことに没頭する」**

お風呂で
リラックス
大好きな お茶で
ホッと一息
趣味に没頭
光の玉を想像して
その中に 自分が入るイメージ

ハイアーセルフとのつながりを体感するには、
光の玉の中に入っている自分をイメージする。

でも、本来のあなたの魂にはそんな感情はありません。もっと純粋で、ゆったりしていて、のんびりしていて、いつも楽しくて、幸せなのです。

地球のいろいろな影響を受けると、ノイズ的な感情が入ってくるのは仕方ないのですが、波動をいつも整えて、ハイアーセルフとつながっている状態ならば、ノイズは入ってきませんし、本来のあなたでい続けることができます。

よく質問で、ハイアーセルフとつながっている状態のときがよくわからないというものがあります。

たとえるなら、お風呂に入ってボワーっとしているときに近いかもしれません。気持ちよく、なにも考えず、完全にリラックスしているときです。

もしくは、光の玉を想像して、その中に自分が入っているイメージをしてみてください。それをアイコンにして、いつも、光の玉に入った自分をイメージすれば、ハイアーセルフにつながっている状態を体感できますし、わかりやすいかと思います。そのうちに、光の玉をわざわざ想像しなくても、自動的にハイアーセルフの波動でいられるようになるはずです。つながった感覚がわかれば、いつでもどこでも一体でいられますし、それほど大げさなことでないんだとわかってもらえると思います。

「えー!! ハイアーセルフとつながるって、こんなに簡単で楽なことだったの?」という声が聞こえてきそうですが、そうなんです!

むちゃくちゃ簡単でシンプルなことなのです。だって、いつもつながっていますからね! 体感や感覚がないだけなのです。

大切なことなので何度も書きますが、**みなさん一人ひとりにハイアーセルフがいること、そして、つねにつながっていられるのだということを忘れないでくださいね。**

特別な人や霊能力の高い人だけがハイアーセルフとつながっているわけではなく、みなさん一人ひとりにものすごい能力があり、ハイアーセルフそのもので、高次元の存在そのものだということを知ってください。

ハイアーセルフとずれてしまう原因いろいろ

ハイアーセルフとともに進むためには、自分のペースで歩いていくことが大切です。

私の場合は、インドの片田舎ののんびりした空気の中、ヤギをボーっとながめていたり、風を感じながらお茶を飲んだりするほっこりタイムや、ごろごろ寝ているときが一番ハイアーセルフを実感できる時間です。

逆に、**自分のペースを崩されてしまうような行動や、自分の意思ではない選択をしたときなどは、ハイアーセルフからずれていたり、切り離された感じになることが多いです。**

いまの時代はインターネットで世界がつながっていますから、どこに暮らしていてもいろいろな情報を簡単に得ることができますし、インターネットの恩恵はありがたいのですが、自分のリラックスペースを崩さないように、使い方には注意が必要です。

私もよく、いろいろな人たちから、「この動画が面白いからぜひ見てください」とか「すごいヒーラーさんの情報をお送りしますね」とか、親切心からさまざまな情報をお送りいただくことが多いのですが、申し訳ないことに実はほとんどのものを見ていません。

なぜなら、見たいかどうか、心の声を聞くとだいたい「NO!」なんです。情報が多すぎるとそれはノイズになってしまったり、自分のペースが乱されてしまうケースが多いからです。そして、ハイアーセルフからずれる原因にもなってしまいます。

ですから、**私はいつも選択するときに、心の声や心の感覚でそうするかどうかを判断しています。これもハイアーセルフの声なのです。**

「情報の取捨選択《しゅしゃ》」は大事だと思っていますし、自分自身もそれを心がけています。自分自身の内から湧き出る感覚をいつも大切にしていると、その力がどんどん強くなり、研ぎ澄まされてきます。外側からの情報を増やすよりも、自分自身の感覚に意識を向け、こちらのほうを大切にしていったほうがハイアーセルフの力が発揮しやすいように思います。

なにか迷ったときには、ハイアーセルフに聞いてみてほしいと思います。

「どう思う?」、「どっちに進もうかな?」、「今日はあの人と会うほうがいいかな?」などなど、どんな些細な質問でもよいので、つねに自分の内にいるハイアーセルフに聞いてください。ハイアーセルフは心の感覚や直感ですぐに答えをくれます。

ハイアーセルフを疑わないこと

ハイアーセルフとつながりにくい人の特徴の一つは、「疑りぶかい」、「目で見えないことを信用しない」という傾向があるように感じます。

もちろん、ハイアーセルフは目には見えませんから、触って形を確認することは難しいですが、感じることはできます。

そして、なにか迷ったときなどにフワっと自分の直感がきやすくなったり、判断が早くなったりしているとしたら、それはまさにハイアーセルフと一体になっているということなのです。

私のセッションなどでも、ときどき、「私にはハイアーセルフがいないんです」とか「ハイアーセルフと一体になっているのかどうかわからない」というお客様がいるのですが、私からすると、思いきりハイアーセルフとつながっているように見えます。

でも、本人が疑ってしまうと、せっかくのハイアーセルフからのメッセージやアドバイスもスルーされてしまったり、過度な期待をするといま感じている小さな感覚に気がつかなくなります。そうすると、いざというときに交信できなくなったり、とてももったいないのです。実は、ハイアーセルフからのささやかなメッセージの送受信を、多くの人たちは日常生活の中で無意識的にやっているのですが、ご本人にその自覚がないというケースも多々あります。

「疑いやすい」という感情も長年の考え方の癖であり、その方の性格や家庭環境もあるかと思います。ですが、スピリチュアル的な世界での覚醒を妨げるブロック（制限）になってしまうので、こういうときには心のブロック解除をしてしまいましょう。ブロック解除の方法の詳細は本書の後章でご紹介していますので、そちらをお読みください。

なんでも疑ってしまう感情を取り除くと、ハイアーセルフのエネルギーを丸ごといただくことができますし、この先の人生がとっても楽になります。

ですので、まずは信じてみる。そういうものなのだと認める。そこからスタートするとよいかもしれません。

目には見えませんが、ハイアーセルフがあなたをきちんと導いて、守り、よりよい人生をひらいていってくれますので、ここは大船に乗ったつもりで自分のハイアーセルフを信じてみましょう。

ハイアーセルフは大いなる自分ですから、それを信じられないということは自分自身を信じていない、疑っているということになってしまいます。

この世界で自分は自分のことを信じてあげてください。そして、自分には想像以上に偉大な可能性や力があるんだ、ということも知ってください。

あなたの内にあるものすごい能力をひらいてあげることができれば、本来のあなたになります。

「本当の自分はこうだったんだ！」

そこを思い出してあげることで、目の前の霧が晴れ、心のモヤモヤが溶けていき、あなたの人生が思い通りに動き出していくのです。

相手のハイアーセルフを信頼する！

生きているといろいろな人たちと接するので、私は自分自身のハイアーセルフを信頼するのと同時に、相手のハイアーセルフを信頼するようにしています。

すべての人が宇宙から地球へやってきて、みなさんそれぞれが潜在的にものすごい能力や才能をもっています。

でも、この世界ですべての人を信頼するというと、ちょっと抵抗がありますよね？

その人の性格だったり、見た目だったり、感覚的に「うん？」という好き嫌いが出てきてしまうのが普通です。

でも、**その人のハイアーセルフ、みんなのハイアーセルフを信頼するようにすると、その人を見た目や性格など外側から判断せず、もっと大きな存在として見ることができます。**そうやって、丸ごとゆだねてみると、本当に生きるのが楽になりますよ。

自分のハイアーセルフを信頼するのと同じように、相手のハイアーセルフを信頼する。それが相手へのリスペクトになり、自分へのリスペクトにもなります。

そして、丸ごとゆだねられるようになります。信頼、ゆだねる、という感覚をもっていれば、起こることはすべてベストなことなのだと思うことができます。

高次元の存在が小さくなって分離した状態である人間は、どうしても、物事や人間をよい悪いで考えがちですが、いつも善悪で判断していると、自分も苦しくなってくるんです。

もっと、もっと、自分を自由に解放していきたいなら、相手のハイアーセルフを信頼してみましょう。人間関係が嘘のように楽になります。

宇宙レベルで俯瞰《ふかん》してみると、物事に善悪はありませんし、地球にまん延している「良い人にならなきゃいけない病」も気にならなくなります（笑）。変な人で大いに結構。一人ひとりの顔が違うように、あなたはあなたでいればよいのです。

ハイアーセルフと一体になって歩いているあなたは、本当のあなたです。周囲の目を気にするより、あなたの魂が喜んでいるかどうか、それに敏感になるほうがよほど大切だと思います。

なんでも人に聞くのは地球人の特性!?

地球とはよくも悪くもいろいろなことが習慣になっています。

すぐに人になんでも聞く人っていますよね？　悪いことではないですが、それをやっていると自分の感覚がよくわからなくなってしまいます。これはどうするか、あれはどうするかなど、人になんでも確認しないと不安になったり、確信がもてなかったり、自信がなかったりします。

でも、本当はその人の内側にもう答えがある場合がほとんどなのです。人に聞き続けているとその小さな感覚にも気がつかなくなり、だんだん他人軸になっていってしまうので、物事がうまく進まなくなるかもしれません。

誰かに聞くよりも、自分の感覚、高次元の自分、ハイアーセルフの感覚で進んだ方がずっと楽ですし、スピードが違います。だって、自分ですからね。他人はいろいろなことを言います。悪気なく、逆のことを言う場合だってあります。

でも、**自分にとってどうなのかはすべて自分の感覚の中にあります。他の人がダメだと言っていても、自分がいいと思えばそれにしたがって進むのがハイアーセルフの進み方ということになります。**

まずは自分の感覚を信じてください。自分のハイアーセルフに聞いてみたり、自分の感覚に意識を向けるようにしてみましょう。ハイアーセルフからの直感をキャッチできるように、いつも、安心、ホッとする、リラックスの境地にいること。そして、強い思考をブロック解除などで取りはずして、「無」の心やなるべく「軽く」いるよう心がけてみてください。自分でやってみて、どうしてもわからないときには人に聞くようにしましょう。

私の生徒さんたちを見ていても、とりあえずやってしまう方やトライアンドエラーでチャレンジしていく人のほうがやはり能力も上がり、経験を重ねるにつれて自信をどんどんつけていきます。

失敗しても全然ＯＫです！　むしろ失敗しようとしてやるぐらいの方がいいです。

これは思考の声なのか、ハイアーセルフの声なのか、わからないという相談を以前受けたことがあるのですが、どちらでもありなんです。全部が100%正しいんです。**ジャッジしないで、感じたことをそのまま受けとめてください。それが自分自身を肯定するということで、潜在的な能力を上げることになります。**

反対に、できているかできていないかをつねにジャッジする癖がついていると、能力を下げてしまいますので、「聞き癖」や「指示待ち癖」のある方は気をつけましょう。せっかくのあなたの潜在能力がもったいないですよ！

苦しみは自分が作ってしまった幻想

いま見えている現実というのは、自分の過去の周波数が生み出しています。

周波数というとわかりにくいかもしれませんが、この世の万物（人間も動物も植物もすべてです）はそれぞれが固有の周波数（振動数）をもっています。そして、人の感情や思いにも周波数があります。これが、いわゆる波動です。

たとえば、喜びや嬉しい、ワクワクといった感情にも周波数がありますし、悲しい、苦しい、つらいといった感情にも周波数があります。

要するに、自分が出した気持ちや感情のバイブレーションということです。**いま、苦しいと思っている人は、自分の気持ち（苦しいという感情の周波数）が映写されて映し出された幻想が、いまの目の前の現実として見えているのです。言うなれば、映写機で映し出されている超リアルな映画のようなものです。**

正確に言うと、過去の自分が出した苦しみの周波数（気持ち・感情）をいまの自分の目の前に映し出しているということです。

地球はこの波動を物質化しているのでどうしてもタイムラグがあり、大体1週間くらい前の想念（思考や気持ち）がいま、目の前で展開されている、という感じでとらえてもらうとわかりやすいかもしれません。もしかしたら1カ月前のものかもしれませんが、とにかく、いまではなく、過去のものなのです。

ではなぜ、苦しい試練ばかり続く人がいるのでしょうか？

たとえば、自分の内で、「苦しいことこそ人生、すべては修行」だと思っている人が

いま見えている現実は
過去のあなたの周波数が生み出した幻想

いたとします。そうすると、「耐えることが好きなのね」と宇宙が認識し、さらに大きな試練や苦しみをポンポンとわんこそばのように投げてくるようになります。でも、それって、自分がやってしまっているんです。

「私はそんなことを希望していない！」と思っている方も、潜在意識で、人生とは苦しみがあるものだと思っているのではないでしょうか。

ここで気をつけないといけないことがあります。

前の地球だったら、いまより波動が低く、1週間から1カ月くらいのタイムラグがあって現実化していましたが、いまの地球は波動が高くなっていますので、よいも悪いも現実化までのスピードが何倍、何十倍と速くなっています。

となると、悪いこともどんどん引き寄せてしまうけれど、よいこともどんどん早く現実化できるということです。

「不幸になりたい！」、「試練や苦しみがもっとほしい！」なんて思っている人はほとんどいないと思います。中には、「あえて苦しみを体験する」ことを選んで生まれてきた魂たちもいますが、多くはないと思います。だって、楽しむために地球に生まれてきたのですから。

それならば、苦しみやつらさよりも、楽しいことや喜びをどんどんクリエイトしていったほうがいいですよね。

「私なんてダメなんだ」という考え方は、「ダメになりたい」と宇宙にオーダーされてしまいますので、考え方の癖に気づき、少しずつその癖を捨てて書きかえてしまいましょう。できれば、いままでの凝り固まった考え方をごみ箱にポイっと投げるイメージをもつだけでもすっきりできるので、気楽にどんどん書きかえるといいでしょう。

「私は幸せな人間だ。なんてラッキーなんだ〜！　毎日嬉しい〜」と思っていると、どんどんそれが現実化して自分に起きる出来事がよくなり、自分だけでなく、周りも自動的によいことがどんどん起こっていきます。

そのためにやることとは、ただ、自分の波動を整えていくことだけです。

超簡単ですよね。本当にこの世は簡単にできていたんですよね〜。

それと、過去の自分の思考や考え方に意識を向けないで、いまの自分が心地よくいることにフォーカスすること。

そして、意図的にこうなる、こうなりたい、これがしたい、こう生きたい、と妄想する習慣をつけていくと、さらに思い通りの人生になっていきます。

今日から、想像して、創造するのです。

全然苦しくないし、大変でなく、しかもゆるゆるでよいので、気軽に波動を整えていくといいでしょう。

いま、地球では人類が宇宙的な高波動に慣れていくためのトレーニングをしていく時期なのかもしれません。楽してうまくいくところが宇宙だったんです。

現実が苦しい人、周囲に苦しんでいる人がたくさんいる人は、いますぐに自分自身に徹底的にフォーカスし、波動を整え、「自分はこうだ」、「人生はこうだ」という思いこみの癖、考え方の癖をはずしていきましょう。

それと、波動を整えて、自分自身が満たされた境地でつねにいると、周囲からなにを言われても動じなくなります。すべては自分の内側にあり、見えている現実にはあまり意味はないんです。

たとえば、「ａｋｉｋｏさんのことが嫌いだ」とか、「ａｋｉｋｏさんは怪しい仕事をしている」とか、なにか悪口を耳にしたとしてもまったくなにも感じなくなります。

外側でなにが起ころうと自分の内側が平和であれば、外側も平和に感じるということです。

もしも、自分の波動が乱れていて、つねに浮き沈みの感情をもっていたら、一人の心ない言葉を耳にしただけで心はズドーンと落ちこみ、家の中に引きこもり、自信をなくし、泣いたり、いじけてしまっているかもしれません。

前の私もそうでした。でも、私は変わりたくてまっすぐに自分の人生と向き合っていたら、思いもかけない方向からこの世の簡単なカラクリを知ることができた、ただそれだけのことなのです。

自分の波動を整え続けていると、自分の内側に確固たるものがあり、なにがあってもぶれたりずれたりしない太い光の柱のようなものができる感覚になります。自分を支える大黒柱のようなものであり、その柱は強くしっかりしていて、簡単にぐらぐらするようなことはありません。その柱の感覚を一度つかむと、柱は自分の心の真ん中にずっとあり続けてくれます。

自分の内側にその光の柱をつくり、ハイアーセルフとつながっていれば、誰になにを言われたって、なにが起こったって大丈夫。あなたはいつもあなた自身でいられます。

ハイアーセルフとつながると仕事もうまくいく！

私がこういうスピリチュアルなお仕事をはじめてから約4年がたちますが、まさか私がこんな仕事をするなんて…と本当に不思議です。でも人生で一番好きなことや仕事にめぐり合えたのかもしれません。毎日が本当に楽しく、いつも感動し、すべてに感謝の気持ちがどんどん湧いてきます。

昔の私は、馬車馬のように朝から晩まで、月曜から日曜まで自分の時間を使って仕事をやり続けないとある程度の収入を維持できないと信じこんでいましたから、それはもうがむしゃらに仕事をしてきました。

それでも、日々の生活はギリギリのカツカツで、どうしてこんなにがんばっているのに生活が楽にならないのだろう、人生ってなぜこんなに厳しいものなのかとしょっちゅう心が折れて、嘆いていました。

そういう暗黒の時期を過ごしていた私が、ある日、宇宙の法則を知ってから、すべてが大きく変わっていきました。

仕事に関してもそうです。いまはインドに暮らしているためほとんど遠隔でしか仕事ができないので、インターネットを使った仕事の仕方を自然に確立してきました。といっても一日中パソコンの前にはりついているのではなく、のんびりゆったり子どもたちと遊んだり、お茶を飲んだり、昼寝をしたり、妄想する時間は毎日あり余るほどにあるのです。

でも、不思議なことに、収入を見てみると、必死にがんばっていたときと比べ、時間に余裕ができたいまのほうがゼロが2桁違うくらいに収入がアップしています。なにが起きているのか自分の頭でも追いついていけないくらいに、なぜか仕事も順調に回ってくるのです。

もちろん、はじめた当初はほんの数名のお客様だけでした。さらにインドのネット回線はとても不安定なので、お客様にもご迷惑をかけてしまうことも多々ありましたが、不思議なくらい私のところに来てくれるお客様はそういうアクシデントも「インドっぽくて面白い～！」と喜んでくださる方が多くて、素晴らしい出会いをたくさんいただきました。

そのうちに、急にものすごくお客様が増えてきて、一人でやることにも限界を感じてきました。講座でしゃべりすぎて口が回らなくなってしまったり、その当時の仕事の形ではいろいろと限界がきました。

それで、動画中心に転換したのです。それもハイアーセルフから「コンテンツをつくる」というメッセージが直感として降りてきたのです。ユーチューブもそうです。いま、また新しいことをはじめたのですが、それもすべてハイアーセルフからきた直感にそって動いています。

いつも波動を整えてリラックスしていると、ハイアーセルフからどんどんメッセージがやってきて、未来のビジョンが降りてきたり、今後のイメージがフワっと湧いてくるんですね。明らかに自動的に拡大してくるんです。

私に特殊な能力があるわけではなく、みなさんもハイアーセルフを意識したら、メッセージをたくさん受け取れるようになります。これは普通の主婦で馬車馬のようにあくせく必死に仕事をしてきた私がいうのだから間違いないと思います。私自身が昔は

「そんなこと絶対にあるはずない！」と思い込んでいましたから（笑）。

自分の思い通りの人生になるためには、波動を整え、何かあったらハイアーセルフに聞いたり、気軽につながってみる。そして宇宙にオーダーを出してください。

「○○を仕事にして成功する！」でもいいし、「毎月１００万円稼ぐ」でもいいし、自分が望んでいることをオーダーしてみてください。

そのときのポイントは、「それがかなったらどんな気持ちになるかな～」と具体的に想像して、そのときの喜びやワクワクした感情のバイブレーションを先に出すことです。おそらく、そのときの気持ちは「嬉しい、楽しい、安心する」といった感じだと思いますが、この波動（気持ち）が直接ハイアーセルフに届き、オーダーされるということです。

たとえば、私だったら、「宇宙規模で大きなイベントをみんなで開催して成功する」というオーダーを出すとします。

そうしたら、その成功しているイメージで、「やったー!!!　みんな、ありがとう!!　嬉しい!!　最高!!」とあらかじめ歓喜の感情を感じるんです。先にもう喜んじゃう

（笑）。それだけです。

そのあとは波動をひたすら整えることです。いま、インドで生活している私にとっては、ヤギを眺めていたり、ココナッツツリーの下でのんびりお茶を飲んでいたりするときこそが波動を整えている時間です。

「安心、リラックス、ホッとする、ボーっとする、好きなことをする、無の境地でいる」。これが結果的に自分のためになり、家族のためになり、周囲のためになり、地域のためになり、地球のためになるんです。不思議ですよね。

でも本当にそうなのです。

いくつもオーダーを出して、「こんなに欲張っていいのかな？」と思ってしまう人もいるかもしれませんが、いいんです！　大丈夫！　全部が勝手によくなっちゃうんです。本当にすごいです。

ですから、繰り返しますが、**仕事もお金も執着しないで、ハイアーセルフにお任せ&丸投げすると楽です**。歯を食いしばってがんばって稼ごうとしても、それは宇宙的には逆走なのでうまくいきません。私もがむしゃらにがんばっていたときには収入も限界があり、身体も精神もへとへとでしかも人生も拡大しなくて悲しかったです。やりすぎてしまって、ある日心の糸がぷつっと切れてしまい、干からびたスルメみたいにぐったりして、自分が情けなくて、涙を流す日もありました。

そういう経験があった私だからこそ、あえてのんびりして波動を整えながら、仕事をうまくこなしていけるってことがあるんだとびっくりしていますし、みなさんに「これは本当です！」と力強く伝えることができるのです。なんといっても一度スルメになった人間ですから（笑）。

ハイアーセルフの力を借りて、直感やインスピレーションが自分に降りてくる感覚がわかってくると、養う力や知恵、アイディア、感性がすごくなっていきます。どんどん感覚がひらいてきて、もともと私はこんなに感覚的だったんだとか、直感があったんだと自分のことを肯定できるようになってきます。前世で使っていた能力なども出てくるようになります。

あとは、**インスピレーションにそって、新しい仕事をつくり出すということが大切です。クリエイティブな感覚をもっていると、ハイアーセルフの後押しがものすごいです。ハイアーセルフの力を使って、インスピレーションにそった仕事の仕方をつく**

ること、そして、自分が一体なにをしたいのか、どんなことが好きなのかを感じてその波動を出すことで、宇宙の応援がばっちり入ってきます。

だんだんと自分の感性を使って、エネルギーを読めるようになっていき、いまの状況に対して、どのくらい、なにに対してエネルギーを使えばよいかという感覚を培《つちか》っていけるようになればベストです。

あるとき、ブログを書くことが苦手だというお客様がいました。それは、その人のハイアーセルフが「NO!」と言っているんですよね。誰かにとってはよいツールでも、自分にとって合うものかどうかはわかりません。

ですから、自分がこうしたい、これはしたくない、という感覚は確かなので、それにしたがっていただくことが道だと思ってください。

昔私もゲストハウスをつくりたいと思っていて、顕在意識で、こうして、こうして、という具体的なステップを考えていました。でも、ゲストハウス建設をゴールにして、そのための細かい計画をすると、あまりにも時間や労力が大きすぎて、途中で心が疲れてしまい負のループの中で10年以上苦しんできました。

いまは、ハイアーセルフに丸投げ、お任せしちゃっています。このおおざっぱなハイアーセルフ丸投げ方式のほうが実現が早いですし、拡大もすごいと思います。後の章で詳しくお話しますが、長く願っていた念願のゲストハウスもこの前とてもスムーズに実現できました（笑）。苦労して、歯を食いしばって、という感覚でなく、本当にあれよあれよという間にどんどん実現していったという感じです。そんな軽さの中で他にもいろんなことが実現しています。

「こういうものをつくりたい」とか「こうしたい！」とハイアーセルフに意図してオーダーしておけば、あとは波動を整えて待ちましょう。というか忘れるぐらいの方がハイアーセルフは動きやすいようです。ベストなタイミングで願いが具現化します。余計な思考がなかなか取れない人は、この間にブロック解除や統合ワーク（117頁参照）などをしておくとより一層スピードが加速していくと思います。

そうすると、すべてが本当に楽に進んでいき、願望が思った以上の速さで実現していきます。最初は、うまくいっている人のまねをどんどんしてよいと思います。

第2章

たった4ステップでアセンションエレベーターに乗れる「akiko流★メソッド」

●アセンション

「次元上昇」のことです。いま、私たちがいるこの地球は3次元の世界ですが、アセンションすることで5次元の世界へ向かうことができます。地球の波動は年々高くなっており、人類がこのままの波動でいると、地球と人類の間にどんどんギャップが生まれてきて、人々の心身に不調が起こりやすくなったり、生きにくくなると言われています。より高次である5次元にアセンションすると、物質的な世界から霊的な世界へ昇華していきます。いまの3次元の世界は時間と空間という制限がありますが、5次元は時空という概念を超えた世界であり、自分自身の意識がより拡大し、想念が現実化するスピードも大幅に速まると言われています。

4つのステップであなたの望みはすんなりとかなう

私が提唱する、ハイアーセルフと一体になり、自分の願いをかなえたり、アセンションするための方法はたった4つのステップだけです。

それも、一つずつがとても簡単で、どなたでも今日から試していただける方法なので、実践していただきたいと思います。

STEP❶ つねに「安心する、ホッとする、リラックス、自分が好きなことをする、無になる」を意識する。

STEP❷ 自分の波動を整える。

STEP❸ 直感、インスピレーションをキャッチできるようになる。直感にしたがって動いてみる。
STEP❹ 自分の望みをハイアーセルフにオーダーする。

4つのステップはこれだけです。簡単すぎてびっくりですよね。でも、いまの時代、みんながなにかに追われていて、急いでいて、日々の仕事や育児、家事、人間関係などに忙殺されていて、安心してリラックスする自分だけの時間すら忘れている人がなんと多いのでしょう。

あなたはどうですか？ 思い返すと、自分が時間を忘れてなにかに没頭しているときや、空を見ながらボーっとしている時間が最近ありますか？

そういう私も日本にいたころは、主人と喧嘩も多く、別居したときは、一人育児をしながら、仕事に追われ、毎日が本当に戦争のようで、しんどかったのです。

まさに、安心、ホッとする、無の境地とは真逆の人生を歩いていましたので、「いま、いろいろと大変でそんな時間は取れないわ！」と思う気持ちもよーくわかります。

でも、そういう人こそ、この4つのステップをすぐに取り入れてほしいのです。いまの多くの人たちは、願いをかなえたい、思い通りの人生を生きたいと思いながら、実は思い切り逆走してしまっています。それも高速道路のようにアクセル全開で逆走してしまっているので、本当ならば大事故になってしまいます。「逆走のまま、人生の願いをかなえる」ということをコミットしてこの地球に生まれた魂、あえて苦行や困難に立ち向かうことを選んできた魂も中にはあるでしょうが、普通ならば、楽に気持ちよくすべての望みをかなえて、アセンションの波に乗っかってしまうほうが超楽しいと思いますし、その選択をしてよいのです。

ですので、シンプルだけれども、とっても効果的なａｋｉｋｏ流メソッドを伝授しますので、みんなでこの波に乗っていきましょう。一つずつのステップをわかりやすく解説していきたいと思います。

STEP❶

つねに「安心する、ホッとする、リラックス、自分が好きなことをする、無になる」を意識する。

私がユーチューブなどの動画やセミナーなどでも何度もお伝えしているキーワードですが、これが一番大切な部分です。シンプルすぎて拍子抜けするかもしれませんが、実践してその効果を体感している私だから、力強くおすすめします。

安心する、ホッとする、リラックス、自分の好きなことをする、無の境地でいることはめちゃくちゃ簡単そうに聞こえますが、勤勉な日本人にとっては案外一番難しいことかもしれません。

かつての私もそうでした。主人と別居して、小さい子どもを育てながら仕事をしていた時期は心も体もボロボロになりながらも、がんばればその分の成果が出るはずだ、収入も増えるはずだ、すべてがうまく回るはずだ、と信じてがむしゃらに動き回っていました。でも、思ったよりも効果が出なくて、心身は消耗し、すっかり疲れ果ててしまっていました。

そんなとき、エイブラハム**（注：高次元の存在であり、さまざまな叡智の集合体であると考えられている。エスター・ヒックスという女性がチャネラーとなってメッセージを広めている）**の教えを実践しはじめて、波動を30日間ひたすら整えるワークをはじめてから人生がうまく回るようになってきました。

最初は「こんなことをやっている意味があるんだろうか…」と、実は半信半疑だったのですが、自分を変えたい、人生を変えたいと真剣に望んでいたので、とにかく実践したのです。

そうしたら、不思議なことに、なんだかとてもすっきりして、楽な感じになっていくのがわかりました。ゆっくりのんびりと自分自身のために時間を使っていると、自分の周りで起こる現象が変わってどんどんよくなっていくのです。

自分が奔走《ほんそう》していないのに、よいことが次々と起こり、いろいろなチャンスが増えたり、収入が少しずつ増えていったり…。

これぞミラクル！　安心、リラックスの状態はハイアーセルフと一体になった状態と同じなので、ボーっとしている感覚のときは、あなた自身がハイアーセルフである状態とも言えるのです。

STEP❶
つねに「安心、ホッとする、リラックス、無の境地、好きなことに没頭する」

ハイアーセルフと一体になり、人生がスムーズ！

ハイアーセルフと分離され、人生を逆走…

「努力」、「我慢」、「がんばる」、「忍耐」は道路を逆走するようなもの

日本では昔から「努力」や「我慢」が美徳とされてきました。「石の上にも三年」ということわざがあるように、つらいことがあっても「とにかく歯を食いしばってがんばれ！」と怒られたり、すぐにやめてしまうと「根性なし」と言われたりする風潮がありました。

もちろん、**好きなことをしているときに気合を入れてがんばっているのはよいのですが、好きでもないこと、義務で行っていることを無理やり続けても意味がありません。**

ハイアーセルフとつながるためには、これらはすべて逆効果です。たとえると、人生で逆走しているようなものなのです。向かい風の中無理やりに両足をふんばって前に進もうとしているので、心身はしんどいし、進みは遅いし、疲れるし、思ったより

も効果が出ないし…、といった感じです。しかもその先には実は…何もないのです。自分が探しているものは苦しさの先にあると思う方もいるかもしれませんが、意外と何もないんですよ。だからどこまでそれをやりたいか？ということなんだと思います。

道路を逆走しているのですから、人生がいばらの道になってしまいます。自分の思っている成功のようなものへたどり着いたとしても、まだ何かをしなくては…という気持ちが出てきて、延々と終わりなき逆走を続けてしまうのです。

ハイアーセルフと一体になるためには、それとは逆の「安心、リラックス、ホッとする、ボーっとする、心から楽しいことをする、無の境地」でい続けることです。これらの感情をなるべくいつももつようにしましょう。

「否定」、「不安」、「心配」などのネガティブな感情はすっきりと手放すこと！
「努力」、「苦労」、「我慢」はこれからの人生でいりません！

こういう忍耐根性物語のような感覚は古くてダサいんです（笑）。昔は私もまさにこの世界にどっぷり浸かって、もがいていましたが、もうこういう遠回りをみなさんにしてほしくありません。

ただし、努力や忍耐がダメだと言っているわけではなく、もしも、自分の心が「それをやりたい！」、「楽しい！」と思ったならば、それをやる。そのためにときとして努力や忍耐、根性が必要で、本人もそれを受け入れるのならば、もちろんＯＫです。

逆に、「心も身体も本当にしんどいし、苦痛だ！　楽しくない！」と思ったらスッパリとやめる。そんな感じで選択していけばよいと思います。

大切なのはあなた自身だけです。自分の心がそのときどうあるのか、感情はどう感じているか、です。

それを自分のハートに確認して、「つらいよ」、「もうやめたい」と言っていたら、それは人生を逆走しているのだと気づいて、走っている道を変更しましょう。ナビゲーターはあなたの心にある感覚です。

自分はどう感じているのか、いまどう思っているのか、嬉しいのか、つらいのか、をキャッチしていくのもハイアーセルフとつながるための一つのトレーニングになります。

STEP❷ 自分の波動を整える。

波動とは、言いかえると、エネルギー、周波数、気のことです。気という言葉を使った日本語はたくさんありますよね。気をつかう、気がきく、気分がよい、気が合う、気が抜けた、やる気が起きない、病気、元気、活気など、普段使っている言葉の中に「気」という漢字はたくさん使われています。

古くから日本人は気の存在を知っていて、その大切さを潜在的に理解していたのでしょう。

要するに、目に見えないエネルギーが人体から発せられていて、その気は一瞬一瞬で変化しています。そして、人だけでなく、動物や植物、この世の森羅万象が固有の波動をもっています。

そして、**波動を整えることはとても大事です。４つのステップの中でも、大きなポイントになります。**

特に私みたいなタイプは、波動を整えることをあえて意識的にやらないとダメなんです。いままでの私は、顕在意識がとっても強くて、直感でなく、思考を使って自分の人生を力づくで動かしてきたので、自分が結構疲れてしまったり、ぐったりしてしまったり…。まさに修行に近かったです。目で見えないスピリチュアルな世界をあまり信じていなかったので、根性論でなんでも成し遂げられると信じていたんですね。なんでもがんばっちゃうタイプだったんです。

でも、あるとき、そうじゃないとわかったのです。むしろなんでもがんばっちゃう時代は波動も乱れていたと思います。

加えて、これからの時代はすべてがもっと大きく拡大していくし、本当の自分自身が開花していく時期に入ってきます。これが、波動を整えることで宇宙規模になりますし、もっとすべてが拡大します。

顕在意識だけでなんとかしようとしても、それだとスケールがずっと小さいままですし、自分の心身が疲れてへとへとになってしまいます。ひどいとうつになってしまったり、心のバランスが崩れてしまうこともあるかもしれません。

たとえると、向かい風に向かって両足をふんばって進む感じでしょうか。それよりも、追い風を受けながら、楽に前に進んでいったほうが疲れませんし、スピードアップします。同じ目的地に到着するのに、時間も労力もまったく違ってきてしまいます。これを人生で考えると、それは天と地ほどのひらきが出てきます。

私の場合は、ひょんなことからインドの田舎に暮らすことになったので、日々大自然の中でボーっと生活していると、波動が勝手にどんどん整っていっちゃうんです（笑）。まさか自分がインドの田舎で暮らすことになるとは昔は思っていませんでしたが、これも何かの必然だったのかもしれませんし、ここでの生活自体が私にとっての波動調整になっています。

STEP❶の中でも触れましたが、昔、私がエイブラハムの30日間波動を整えるレッスンというものを実践してみたときに、最初は「そんな時間はもったいない！ 1分でも私は動いていたい」と抵抗があったのですが、やってみたら、とても楽だったのです。そして、スムーズに物事がすべて回るようになり、自分自身も軽くて楽だから、すべてがどんどん拡大していきました。

「自分がこれまで歯を食いしばって、汗水たらして、ときに泣きながら、がんばってきた道のりはなんだったんだろう」と思うほどです。自分の波動をいつも整えておくことの大事さをつくづく実感しています。

自分はまだ苦しみを体験して修行していたい、という意思がある人は強制しませんが、本来、宇宙は苦しみを与えていません。

「楽こそ人生」という考え方が悪だと思っていると、なかなか実現しません。それは自分自身がそれをブロックしているからです。

それよりも、波動を整えていく方が進みが早いし、天井がないので、どんどん人生が拡大していきます。しかも自分の想像や期待を大きく上回り、はるかにすごい現実が起こってくるのです。

ですので、「あえてボーっとする」、「あえて無の境地にいる」という時間を、一日のうちのどこかで毎日つくって、波動を整えていきましょう。

波動を整えるのは簡単だけど効果大！

日々、波動を整えていると、自分のペースで生きていけるようになります。これこそ、宇宙と同調していて、ハイアーセルフとともにあるということです。

これからの時代、3次元的な昔の古い地球の進み方はガラッと変化していきますので、高周波の地球では根性論では前に進みにくくなってきます。

たとえれば、逆風の中、命がけで進んでいくような苦難の道になってしまいます。

それよりも、安心、ホッとする、リラックス、ボーっとする、無になる、好きなことをする、の気持ちで過ごせば勝手に波動は整っていってしまいます。

たとえば、エアロビクスが大好きだったら、その時間は無の境地であり、思考が止まっていますから、それがリラックスタイムになります。

なにも「動いてはいけない」ということではありませんので、好きなことに没頭する時間をもったり、自分自身のペースでいられる時間を一日の中でなるべく多くつくってほしいのです。

もちろん生きている人間ですから、ときには波動を整えている間にも、「あ、あれをやらなきゃ！」とか「銀行に振り込みにいかなきゃ！」とか「○○さんに電話しなきゃ！」とか、さまざまな思考がどんどん浮かんできてしまうことがあります。

ここで大事な点は、だらだらしていたいと思ったら、浮かんできた思考をスパッと無視して、だらだらしてあげるんです。

「○○しなくてはいけない」の思考が出てきたら、109頁に書いた電球の取りかえワーク&ブロック解除のワークをすぐに行うなど、自分でモヤモヤした思考の癖やネガティブな感情をはらうようにしてください。

それだけでとっても波動が軽くなりますよ。

ある人がおっしゃっていた言葉ですが、「想い=重い」だそうです。「なるほど!」と腑《ふ》に落ちました。想いが強すぎるとそれは重くなってしまいます。よい想いであっても、それが重い波動となって、漬物石みたいに自分が背負っていたら、本来の自分の軽やかな波動ではありませんので、自分の想いでがんじがらめになっていってしまいます。

望みをかなえたいなら、まずは自分の波動を軽くすることです。

いらない感情や思考をそのつど書きかえワークなどで取りのぞきながら、自分をどんどん軽くしていきましょう。

そのためにも、「いまは波動を整えて、波動を軽くする時間!」と決めたら、それに

STEP❷
波動を整える

波動を整える方法は人それぞれ。自分に合うものを見つけましょう。
“気持ちいい”と思えることが一番です。

集中することが大切です。

自分の波動を整えると家族や周りの波動も整う

本当の血のつながった家族はもちろんですが、周りにいる仲間たち、人類すべてが大きな一つの家族です。私が今世で生まれてきた家族はとてもよい人たちです。ですから、自然と家族に感謝できるのですが、私個人に関して言えば、主人との関係も以前はこじれていて、彼はインド、私と子どもは日本という別居婚をしていました。

日本の実家でも実は兄が3年前に亡くなったのですが、そのときも家族全員がいろいろとありました。心が乱れ、そのときは自分もいっぱいいっぱいだったのですが、そういうときこそ、自分の波動を整えることに集中しました。

そうすると、家族にも周りにもよい影響があらわれはじめ、家族間のさまざまな問題がよい形でおさまっていったのです。

これは身をもって体感しているので強く言えます。遠回りに見えて、一番近道で最速です！　ごたごたの台風の目に自分は入らないで、つねに一歩下がって波動を整えている。そこがポイントです。

家族というものは近くて直接的につながっていますので、1カ所が変わるとそこからすべてが変わっていきますし、よい影響が出はじめます。不思議ですよね。まさにワンネスという言葉を実感できます。

いまは、実家の両親も姉妹もみんな幸せに生きています。お互いに信頼すること、そして、心の乱れ、波動の乱れを整えて、リラックスして安心していること。そうするだけで、すべての調和が生まれてきます。

自分の周りの現象は、実はすべてが自分の内側から出ているので、映し鏡のようなものともいえます。まず自分がリラックスして、波動を整えていれば、周りは同調しておのずとよい方向に変わってきます。

私も昔は子どもにつらく当たってしまうこともありましたが、それは自分の波動が乱れていたからなのです。自分自身を癒し、調和をもたらせば、子どもにもすぐに伝わります。30日間、波動を整える作業はとてもよい訓練になるので、ぜひすぐにやってみてください。

最初は意識的にやる必要があると思いますが、だんだんと自然にそれが身についてきます。見えている世界だけにとらわれ、翻弄《ほんろう》されてしまっている自分にも気づくようになります。そして、自分がリラックスできる時間は、なにをしているときなのかということもわかってきます。

それと、いまの自分の波動は、過去の自分の集大成です。

過去の自分が出した結果こそが、いまの波動となってあらわれています。ですから、いまの自分の波動を安定させれば、1週間後、1カ月後、そして未来の自分の波動が安定し、運気が上がり、描いていた人生が実現してきます。

自分がよくなると、家族がよくなる、周りがよくなる、人類がよくなる、地球がよくなる、宇宙がよくなる!!

最高ですよね！　ボーっとして波動を整えて、気分をよくしているだけで、みんなが幸せになり、地球が幸せに包まれるんです。

「こんな方法があったなんて、だれも教えてくれなかったな～。早く教えてくれていたら、私の人生もっと楽だったのに（笑）」

そんなふうに思えるほど、この方法は絶大ですよ。過去の私のようにがんばっていても人生がうまくいかない人、人生をもっと好転させて自分自身を生きたい人はすぐに波動調整をしていきましょう。

自分の肌の感覚がハイアーセルフなのです

よく「ハイアーセルフからのサインの受け取り方がわからない」という声を聞きますが、自分の心や肌の感覚を信頼してみてください。「あなたの心の中にすべての答えがある」ということです。

ここを中心にしないと、すべてがぶれてきてしまいます。

「心で思っていても口に出してはいけない」とか、「自分の正直な気持ちをおさえこまないと周りに迷惑をかける」とか、そういうふうに多くの日本人が育ってきたように感じます。

でも、実は、その心の中にこそ神様がいて、ハイアーセルフが伝えている答えなのです。「自分の感覚がすべて」なのです。もっと言うと、ここがキモなのです！

実は、今日私は幸せすぎて失神しそうになりました（笑）。生まれてきてよかったなぁ、幸せすぎて、嬉しすぎて、涙が出そうになりました。

この世界に生きてきて、自分がやっと真実にたどり着けたという気持ちです。自分の感覚の中に宇宙があった、真理があった、と実感できた瞬間、「ああ、幸せだなぁ」と強く強く思ったのです。私が探していたものはこんなに近くにあったんだと実感して、心がふるえました。自分の肌の感覚を大切にしはじめると、自分の中のさまざまな感情にも敏感になりますし、直感が降りてきやすくなります。「あー、いまものすごく幸せだなぁ!!」というなににも代えがたい至福の境地を頻繁に感じられるようになります。

あるとき、ある有名な方から「一緒になにかやりませんか?」とお声掛けいただだいたことがあります。

それは光栄なことですよね。インドの片田舎でスピリチュアルをやっている私なんかに声をかけてくださるなんて、普通だったら、二つ返事でやっていると思うんです。

でも、そのとき、私は自分の心の中に聞いてみました。

そうしたら、即答で、「NO」だったのです（笑）。「あれ、私、心が乗っていないな」、と感じて、その方に丁重にお断りさせていただきました。

いままでだったら、「やったほうがいいのかな」とか「断ったら申し訳ないなぁ…」とか「○○さんのご紹介だからきっとよい人だ」とか、いろいろと忖度《そんたく》（笑）していたと思うのですが、いまは違います。

自分の内に聞いてみる。すっきりしていたり、ワクワクしたらYES！なにか、モヤッとしたらNO！　シンプルですが、たったそれだけです。

私はいま自分の心に入ってくる感覚を一切否定しません。どんな感情や感覚だったとしてもそれが自分のハイアーセルフからのメッセージだと思うからです。

長年、否定癖がついている人は、そういう感覚をキャッチしやすくするために、まずはご自分でブロック解除をおこなったり、信頼できるセラピストさんからブロック解除のセラピーやワークを受けてみるのもよいかもしれません。

答えは外側にあると信じている人もまだ多いですが、外側の世界は自分自身の内側から映し出されているので、すべての答えは内側にあります。探す必要は一切ないのです。いろいろなセッションやセミナー、本を通してずっと真理を探し続けている人は自分の感覚を一番にしてみてください。

目をつぶって、自分の心の声を信じて進んでいけば、なにも迷うことはありません。YESかNOしかないですから（笑）。**自分の内にある心とか肌の感覚でYES・NOを決めるような習慣をつけていきましょう。**

ここの感覚がハイアーセルフであり、宇宙なのです。

ここを研ぎ澄ますようにすると、だんだんひらいてきて、その感覚がどんどん鋭くなってきます。使わないと逆に鈍くなってきてしまいます。

迷わない人生ってとっても楽です。

そして、自分の内にあるその答えを否定しないで、信じきること。

動物的になると、本当に迷いません。これこそがスピリチュアル能力であり、ある種の霊能力なのかもしれません。「こんなに近くにあっていいの？」と思いますけれど、一人ひとりがその能力をもっていますから、信じて、やってみてください。

自分がもっている潜在能力に驚き、人の潜在能力も信じられるようになるでしょう。

波動を整えるコツ

みなさんが夢中になる時間ってどんなときですか？

私はユーチューブなどで動画を配信したり、文章を書いたりすることが大好きで、これからもずっとライフワークにしていきたいと思っています。

自分がワクワクする作業って、生きるエネルギーであり、原動力となり、宇宙の根源と直結しています。

それをしていると、いとおしくて、楽しくて、感動できる。

そういうことをしていると、自動的に波動が整ってきますし、ハイアーセルフと一体になっている感覚が起こります。

もちろん、人生においては、自分一人で生きているわけではないので、支えてくれている家族や仲間、仕事もとても大事です。人には大事なものがたくさんありますよね。すべてが大事なので、かなえたいことがたくさんある場合でも、何か一つを選ぶ必要はありません。あれもこれもでOKです。全部をうまく活かしていくことが理想で、実際、私はいま全部がうまくいっています。

これも波動を整えていると、全部がピタッとそろってきて、勝手にうまく回ってくるのです。**なにかを犠牲にして目標や夢を達成する、なんていう考え方はもう古いです。望みはすべてかないますので、欲張りになりましょう。**

自分自身が満たされていると、本当に幸せな気持ちが温泉のように無限に心の内から湧いてくるんです。あふれ出ちゃってどこまでもいっちゃいます（笑）。

この本を出版するようになったのも、私の中で「本を書きたいなぁ～」と思って、ハイアーセルフにオーダーを出していたのですが、自分が思っていた以上のことが現実となり、この世の天国にいるような気持ちになっています。

何度も言いますが、私が特別なのではなく、この本を読んでくださっているみなさん全員がこういう人生を送れるのです。人生が厳しいと感じている人はただコツを知らなかっただけなのです。

自分の内側が乱れていると、外側の見えている世界が乱れてきます。

内側が安心、リラックス、ホッとする、好きなことをやる、無になる、の気持ちでいれば、外側の出来事がすべて自分の思い通りになっていくのです。大事な点なので、何度もお伝えしちゃいます。本当にコツはこれなんですよね〜。

この世で見えるものはすべて幻想です。幻想ならば、自分の思い通りの世界をつくりたいですよね。すべては、自分の思うまま自由な世界だったんです。

もしも自分の波動がちょっと乱れてきたな、と感じたら、身体や心を休ませたり、リラックスできる環境をつくり、すぐに波動を整える習慣をつけましょう。

STEP❸

直感、インスピレーションをキャッチできるようになる。直感にしたがって動いてみる。

STEP❷の自分の波動を整えることをやっていくうちに、直感やインスピレーションをキャッチしやすくなってきます。直感やインスピレーションをキャッチするということは、自分のハイアーセルフの声を感じられるようになるということです。自分の内なる声が直感やインスピレーションと呼ばれるものですので、まさに、これはハイアーセルフが自分と一体になっている状態なのです。

STEP❶と❷である、安心、リラックスしながら、波動を整えていると、ハイアーセルフとつねに一体になってきますので、内なる声を感じられるようになってきます。

これまでにも、もしかしてハイアーセルフからのメッセージが何度も降りてきていたかもしれませんが、自分でそこを否定していたり、五感を傾けていないと、そのままスルーしてしまい、気づかないこともあるでしょう。

でも、波動が整った最高の状態をキープできるようになると、内なる声を拾いやすくなります。元来自分に備わっているセンサーがフル稼働できる状態になったという感じです。

自分がそれをしたいのかどうか、右へ行くのか左へ行くのか、赤い服を着ようか、青い服を着ようか…etc。些細なことから人生の大きな選択まで、迷いなく、誰にも依存せず、動けるようになってきます。いつも周りの反応や評判を気にして動いて

STEP❸
直感・インスピレーションをキャッチする

波動が整ってくると、ハイアーセルフからのメッセージを
直感として受け取りやすくなります。
フワッと降りてくるインスピレーションを素直にキャッチしてみてください。

いたとしたら、もうそんな気づかいは無用です。

あなたがどうしたいのか。あなたはなにが好きで、なににワクワクするのか。あなたのハイアーセルフは全部わかっています。

あなたとハイアーセルフは一体ですので、なにかあれば自分の内側に聞いてみてください。声となって、または、感覚でなにかがわかるはずです。

最初はもしかして本当にささやかな感覚しかとらえられないかもしれません。でも、小さな感覚が大事ですのでそれを丁寧にキャッチして、行動に移していってみてほしいと思います。

積み重ねていくうちに、「あ、これはハイアーセルフからのメッセージだ」と感覚でわかるようになってきます。

それは自分自身であり、本当のあなたなのですから、その直感にしたがって行動すればＯＫです。誰かに聞いたり、相談したりする必要なんてありません。

あなたの人生はあなた自身が切りひらいていけるのです。その力や知恵があなたにはしっかりと備わっていることを忘れないでくださいね。

STEP❹ 自分の望みをハイアーセルフにオーダーする。

いよいよハイアーセルフに自分の願望や望みをオーダーしますが、このとき、オーダーは1回だけすればOKです。

何度も同じオーダーを出す必要はまったくありません。執着になりやすいので逆効果になってしまいます。

もちろん、複数のオーダーがある場合はすべてをお願いしておきましょう。ハイアーセルフはあなたをサポートしたくてうずうずしているのですから、お願いごとがいくつあっても大丈夫です。

すべてはベストなタイミングでかなっていきますから、その中のどれが先にかなうのかは宇宙にお任せです。

STEP❹
ハイアーセルフへオーダーを出す

私にぴったりのパートナーが現れますように！
ハイアーセルフにオーダーは1回でOK！
★天使やアセンデッドマスターなどにオーダーしてもOK！
1回オーダーしたらあとはひたすら波動を整えることに集中！
好きな音楽を聴く
ヨガ
公園を散歩

お願いごとが一つであっても、複数あっても、とにかく、1回オーダーしたら、あとは、再び波動を整えることに集中してください。

オーダーしたことを忘れてしまうぐらいがちょうどいいんです。むしろ忘れることもコツです。ずっと頭の中でそのお願いがいつかなうかなと考えていたり、いろいろな想いを馳《は》せることは執着にもつながってきてしまうので、「はい、オーダーを出した！　終了！」という軽い気持ちで、リラックスしましょう。

高次元にオーダーを出す方法

ハイアーセルフ以外の高次元の存在に、自分の望みをオーダーするにはどうしたらよいのでしょうか。

高次元とは、言いかえれば、神様とか天使、アセンデッドマスター（**注：天界にいる高尚な魂をもつ人々。イエス・キリストやブッダなど**）、ハイアーセルフのことですが、ハイアーセルフに関しては本書で他にたくさん書いていますのでそちらを読んでいただくとして、ここでは、神様やアセンデッドマスターの力を借りる方法をお伝えします。

アセンデッドマスターや神様はそもそもなにをしている存在かというと、生命のサポートがお仕事です。

そして、彼らはもともと宇宙からできています。人間も宇宙からできているので、ある意味対等です。私たち人間は、彼らの力を使って、日常生活をもっとよくすることができます。

ただし、一つ、宇宙のルールがあって、「彼らは勝手に人間に手出しできない」というものがあります。

「あぁ、苦しいな」と思っても、自分がお願いしたり、SOSを出さない限り、彼らは決して手出しをしません。

なぜなら、人間は、さまざまな体験をするためにこの地球にあえて生まれてきているからです。

その体験を通じた成長を邪魔しないということも彼らの大きな任務の一つなので、自分でお願いしないといけません。

私自身もチャネリングなどでも、自分が彼らとつながる、と思わない限り、勝手に相手からつながってくることはほぼありません。こちらに主導権がありますから、神様やアセンデッドマスターに主導権を渡さないということもとっても重要になります。いつでもどこでも、どの存在かわからない人たちからどんどんメッセージが降りてきたら、日常生活がままなりませんし、いい迷惑ですよね。そのたびに彼らの言葉に翻弄されてしまうかもしれません。

私の場合、自分の能力がそれほど高くないからかもしれませんが（笑）、チャネリングのときに勝手になにかが降りてきて、突然ご神託を告げるとか、地球へのメッセージを語りはじめるなんてことはありません。

私がつながりたいと希望しているときに、彼らに意図してつながることはあります。そうすると、彼らはきっちりとお仕事をしてくれます。

それと同様に、オーダーを出したら、彼らはサポートに回ってくれます。

本来、人間はとても大きな存在で、大きな力をもっていますが、ハイアーセルフをもっと小さくしたごく一部の存在になっていますから、本来の力が十分に発揮できないようになっています。

ですから、なにか願いをかなえたいときには高次元の力をフル稼働させて、手伝ってもらうのが一番楽で確実なのです。

彼らも人のサポートが仕事で、彼らもそれによって拡大していけるので、どちらにとってもよいことでウィンウィンの関係なんです。ですから、遠慮しないで、どんどん手伝ってもらってください！

人間が生きていく上で誰かの、または、なにかの助けを借りることは本当に大切です。人は一人で生きていくことは不可能ですし、それでは地球に生まれてきた意味がありません。

たとえば、流れの強い大きな川の岸に自分が立っているとして、向こう岸に渡る場合、二本足で歩いて渡るより、小舟に乗って渡ったほうが安全で速くてスムーズです。

自分の二本足で川の中を歩いてもよいけれど、水の深さも流れの速さもわからず危険ですし、うまく向こう岸につけるかどうかもわかりません。

でも、高次元の存在が差し出してくれる小舟があれば、それに乗って渡ったほうが間違いなく楽ですし、速いですし、なによりも安全です。それと同じ感覚です。

「高次元の存在さん、ありがとう！」と感謝して、差し出された小舟に乗っかってしまえばよいのです。

それが高次元の力を借りるということです。すべてが最善でベストな状態まで導いてくれますし、どんなお願いでも「はい〜！　わかりました〜！」と、気持ちよく快諾してくれるはずです。

宇宙人でも、アルクトゥルスでも、プレアデスでも、天使でも、女神様でも、自分が好きな存在を呼ぶことができます。ただ、自分のご縁が強い存在のほうがつながりやすいと思います。

私は「あ〜、今日は身体や心がなんか重いな〜」と感じるときには、「ヒーリングしてください」とお願いすることもあります。

そうすると、彼らはすぐに浄化してくれるので、体がフワっと軽くなるんです。本当に不思議ですが、存在の力を感じます。

それと、高次元の存在とつながるというと大げさに聞こえるかもしれませんが、本当に日常生活の些細なこともお願いしてよいのです。

たとえば、私は主人が外出するときには、大天使メタトロンに「主人が今日一日安全で楽しく過ごせますようにサポートしてください」とお願いします。あとは丸投げのお任せです。お願いしたことすらこちらは忘れてしまってOKです。

日本にいる両親のことも、今度は太陽のエネルギーに「日本にいる両親と兄弟のサポートを今日もお願いします！」とオーダーを出すだけです。

そのときに家族の顔を思い出しますよね。それだけですべてがよくなるんです。

どこからのサポートをお願いするかもその日の気分次第です。毎回変わるときもありますが、それでよいのです。いろいろとつながり先を試してみるのも楽しいかもしれません。

どうですか？　思ったよりも気軽でラクチンで楽しいですよね。神様や高次元の存在って思うと、ついつい、人間はすごい存在と思ってしまい気軽に頼むことが悪いことなのかと思ってしまいます。

でも、**人間も、高次元の存在も、神様も、すべて宇宙から生まれています。同じ材質です（笑）。平等です。そう思って、思いきり頼って、遠慮なくオーダーしてくださぃ。高次元の存在も頼みごとをこころよく聞いてくれます。「宇宙ってものすごく自由だなぁ～」と思えるはずです。**

大事なのは結果に期待しないこと！

この4つのステップを実践する上での大事な注意点があります。それは、「結果に執着しない」ということです。

人間ですから、自分の願いを絶対にかなえたい、とか、いつかなうのかな、とか、どういうふうにかなうのかな、とかいろいろと思い描いてしまうものです。

たとえば、お金のオーダーを出して、「あれ、お金が来ないなぁ」と思ってしまうと、ハイアーセルフを120％信頼できていないということです。

それに、波動を整えている間にもそのことを考えているということは、波動を整えることに集中できていないということです。

結果に執着すると、その願いはかないにくくなってしまいますので、1回オーダーを出したら、忘れてしまうくらいでちょうどよいかと思います。

とにかく自分のハイアーセルフをとことん信頼してください。お任せしておけば絶対に大丈夫です。勝手によい方向に向かっていきます。ハイアーセルフは自分自身、本当の自分、自分の潜在意識ですので、ハイアーセルフを信じられない、ということは、自分自身を信じていないということです。

この地球上の人はみんな大いなる力をもって生まれてきています。その力を発揮できないとしたら、ブロックしてしまっているのは自分自身です。

そのブロックさえはずせば、もともともっている力が復活します。それだけです。

なににも執着しないこと。それを守れば、4つのステップを行うだけで、人生の進み方がまったく別のものになっていくのを実感できるはずです。

いまの地球はスーパー高波動な時期に入っている

いままでお話してきた4つのステップを使うと、ハイアーセルフと一体になりますので、自分の願望実現がスピーディーになってきます。願望実現のためにも使える方法ですが、それだけではありません。この4つのステップをマスターして（難しいことは一つもないのでみなさんもすぐに身につけることができます！）、日々波動を整えて、直感力を磨き、他人に頼らず、自分軸で生きていけるようになると、次に進むのはアセンションへの道です。

もっとわかりやすくいうと、この4つのステップを毎日行うことで、みなさんの波動がどんどん上がっていきますから、自動的にアセンションしていってしまうということです。そう、まさにアセンションエレベーターに乗りこんでいるのです。

そもそも、いま、なぜ、私たち人類が波動を上げていかなければいけないのでしょうか。

「自分の願いはかなえたいけれども、アセンションなんて興味がないわ」という人たちもいるかもしれませんが、実はいまの地球は昔の地球と比べて、どんどん波動が高くなっていて、いままさにスーパー高波動の時代に突入しています。

ということは、この地球上に住む私たち人類が昔のままの低い波動だったら、当然、地球の波動と共鳴できませんから、生きづらくなっていき、心身に不調をきたす人も増えてきます。

しかし、実際には、地球の高波動にともなって、この地球上に住む人類全体が高波動になってきているので、全員がすでにアセンションに向かっているということです。

そして、高波動になるとどうなるかというと、物事がとってもスピーディーに進んでいきます。よいも悪いも結果が出るまでが早いので、オーダーを出してから実現まででも驚くほど早くなっている気がします。

これは人類にとってもビッグチャンスですよね！　こういう時期を選んで私たちは生まれてきたのだと思いますし、全員で意識上昇していく時代に入ったのです。

あなたがもしもハイアーセルフと一体になりたい、迷わない人生を送りたい、と思っているなら、それはすぐにかないます。安心して古い殻《から》を脱ぎ捨てて、本当のあなた自身になってほしいと思います。

そして、みんなでさらなる高みへアセンションしていきましょう。

第３章

アセンションの妨げになる原因を見つけて癒すパワフルメソッド

●ブロック

自分自身の心の中にある制限のこと。身体的制限、心理的制限などさまざまですが、虐待やいじめなど幼少時のつらい体験がトラウマとなってずっと心に傷を残していたり、家庭環境や学校教育が影響することもあります。「自分はどうせできない」、「私には資格がない」など、自分自身で無意識的に制限をかけてしまうこともあります。中には、潜在意識の奥深くに刻まれているものもあり、自分で気づかない場合もあります。これらを解除してあげると、人生の進み方が速まり、心と身体を解放することができます。そして、自分自身の魂が喜ぶ人生をまっすぐに最短コースで歩むことができるようになります。

ブロックが強すぎる人はまずブロック解除を！

4つのステップを実践する段階で、ブロック解除が必要な人も多くいらっしゃいます。

ブロックとは、自分の心の中でなにか強い思いこみや考え方の癖、幼少時や過去世のトラウマなど、その人の進化成長を遅くしたり、ときには止めてしまうような考え方の癖や観念のことです。

言いかえると、自分の心の中に残っているなんらかの制限のことです。

たとえば、「私は幸せになる資格がない」とか「私は人に愛されない」とか「一生お金に苦労して生きる」とか「信頼できる人生のパートナーは絶対に見つからない」とか…。人によって心のブロックはさまざまですが、その人が自分自身の考え方や幼少時の環境などさまざまな原因でつくり上げてしまった考え方なので、自分の中に深くしみこんでしまっている場合も多くあります。

また、自分がこの地球でなんだか生きづらいなぁと感じている人もいまの時代はたくさんいると思います。この理由の一つも心のブロックです。

両親のしつけや教育、考え方、社会のルール、育った環境などいろいろなものが影響していますし、原因がその人の前世（過去世）から来ているケースもあります。

そういう方の多くは同じような問題にぶつかると、同じような反応をして、繰り返してしまうのです。でもそれを一生続けていても、本人も苦しいですし、自己嫌悪に陥ったり、自己肯定感が低いままだったりと、とてももったいないことなのです。

この地球に生まれてきただけでも素晴らしいことなのに、自分のすごい能力に気づかないままなんて本当にもったいないです！

それと、**ブロックは波動的にも重いので、いくつもいくつもブロックを抱えていると、地球の波動がどんどん上がっていて、人間の波動も軽くなってきているいまの時代に逆行してしまいます。**

ですから、ブロックを解除してあげて、自分を解放してほしいと思います。

私自身のお話をすると、私がインドにきて4年がたちますが、来る前は本当に八方ふさがりでした。自分の思いこみが強くて、恐怖心もあって、インドに住む覚悟がありませんでした。

でも、ブロック解除のテクニックを学んでからは、すべてのことをこのテクニックで切りひらいていけると確信が生まれました。

そして、どんなことが起こっても本当になにも怖くなくなったのです。みなさんもすぐに実践できますので、思いこみや考え方の癖などは気づいたらすぐにブロックをじゃんじゃんはずしていきましょう。

ブロックは小さいものをどんどんはずしていく

「自分にどういうブロックがあるのかわからない」という声もよく聞きます。自分のことは誰でも案外わからないものです。

ですから、信頼できる友人や家族と会って話しているときに、あなたのブロックだと思うことをどんどん教えてもらうのもよい方法だと思います。
または、自分で「あ、これはブロックかも」、「私はいつもこういう場面でこんな感情が出てしまう」など、気づいたときにすぐどんどんはずしていくのが一番効果的です。また、忘れないようにメモに書き留めておいてもよいでしょう。思い出したらメモ、思い出したらメモ、そして小さいブロックも一つずつ解除していくほうが後々ラクチンです。

重くて深刻なトラウマなどだけがブロックだと思われがちですが、ほんの小さな感情や考え方の癖も実は自分の成長を妨げている場合があるので、見つけたら潜在意識を書きかえる、見つけたら書きかえる、見つけたら書きかえる、とどんどんこまめにワークをしていきましょう。

お部屋の掃除をするように、心の掃除もこまめにしてあげると簡単に一瞬できれいになりますし、潜在意識はすべてがつながっていますので、一つのブロックだけでなく、他のブロックも合わせて解除していけるので、こまめに掃除するといいと思います。

そういう私自身も昔はたくさんの思いこみをもっていて、自分で先に進めないようにしていました。

しかし、あるとき、心の中にたくさんのブロックがあることに気づき、「見つけたら解除！」、「見つけたら解除！」を繰り返していき、どんどんブロック解除をしていったところ、みなさんにお伝えしている4つのステップも水が流れ出すようにスムーズにスピードアップしていき、人生が大きく動きはじめました。


ブロック解除のキーワードの一つは「執着を手放す」ということです。


強い思い（想念）があることはよいことなのですが、あまりにもその思いが強いと執着となってしまい、ハイアーセルフがうまく動けなくなります。

私もユーチューブなどでこまめにインドから配信していますが、これが「ユーチューブやらなきゃ！」とか「動画配信しなきゃ！」とか思うと、楽しみからやっていることがだんだんと自分の負担になっていったり、苦痛になってしまうこともあります。

ブロック解除というとネガティブなイメージがあるかと思いますが、逆に、よくしたいもの、大事にしすぎているものにも執着は生まれるので、そういう執着を潜在意識でポンっと書きかえていく簡単な解決法をお教えします。

私が実際によく使っている方法ですが、どなたでもすぐに試していただけます。

たとえば、私の場合だったら、「ユーチューブをもうやめていい」ということを許すためのワークをしています。あ、もちろん、楽しくてやっていますので、実際にはやめませんよ(笑)。ただ、いつも軽い波動で、ニュートラルな視点でいるためにはとても有効な方法です。それと、好きなことこそ執着が生まれやすいので、波動を軽くするために時々こうやってワークをしています。

心のブロック解除に使える！　電球取りかえワーク

①電球がついている場所をイメージしてください。例題として、「人の目がとても気になる」というブロックがある人は、その電球がついているイメージをしてください。

②その電球をはずして、ポイっと宇宙へ放り投げます。

③サポートしてもらう存在を選びましょう。あなたがそのとき必要だと思う存在で結

構です。なんでもOK。アルクトゥルスでも、シリウスでも、天使さんでもなんでもよいので、あなたの頭の中にふわっと浮かんだ高次元の存在にサポートに回ってもらいましょう。

そのとき、アルクトゥルスだったら、「アルクトゥルスさん、サポートお願いします」、または、アルクトゥルス、と意図するだけで、サポートが入ります。

④新しい電球をつけてその灯《あか》りを見ます。なるべく明るく大きな光を感じます。

はい、これだけです！　嘘みたいにシンプルなのです。
でも、このブロック解除をするだけで、私はすっきりとしてバーンと波動が軽くなり、心がクリアーになるんです。効果抜群ですよ。

これはどんなブロック解除にも使えます。お金に関して執着をもっている人も多いと思いますので、お金で悩まなくなるワークをしてみましょう。「お金を稼がなきゃいけない」と思いこんでいる人、いつもお金で苦しんでいる人はお金に意識を向けす

心のブロック（制限）をはずす「電球取りかえワーク」

①自分の心のブロックになっているものの
電球がついているイメージをしてください。

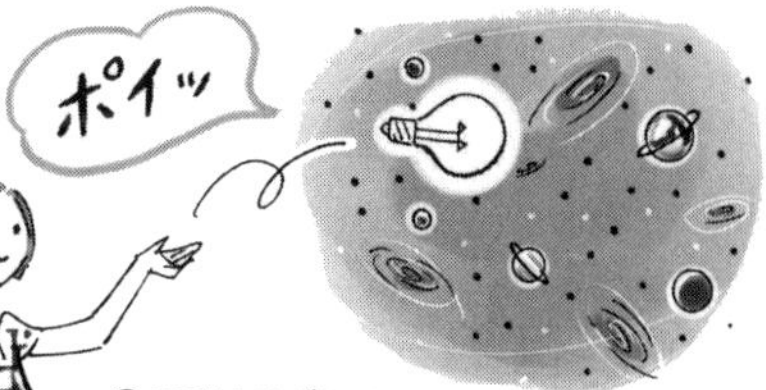
ポイッ

②電球をはずして
ポイっと宇宙へ放り投げます。

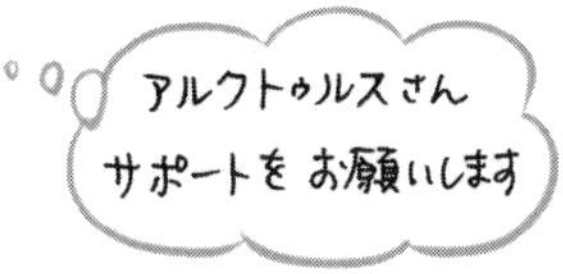
アルクトゥルスさん
サポートを お願いします

③自分の心に浮かんだ高次元の
存在（ハイアーセルフでもOK）に
サポートをお願いしましょう。ここは省いても大丈夫。

④新しい電球に
取りかえて、
その灯りを
しばらく見ます。

ぎてしまうので、執着が生まれやすいです。

この執着によって、逆にお金が入ってこなかったり、トラブルをさらに生んでしまうケースなども多々ありますので、つねにニュートラルな視点で波動を軽くしておきます。お金にコミットしないで、自分の波動を整えることに集中して、ブロック解除の電球ワークを続けましょう。

その結果、お金を稼げるようになったり、ビジネスで成功したり、お金に不自由しない人生になっていくでしょう。

①「お金を稼がなくていい」ということを自分に許してあげましょう（心で念じるだけでOKです）。

②電球がついているところをイメージしてください。そして、その電球をポイっと宇宙に投げます。

③サポートしてもらう存在をまた選んでください。お金をつかさどるガネーシャ（イ

ンドの象の神様）なんてぴったりかもしれません。「ガネーシャさん、お願いします！」と伝えましょう（他の存在でももちろん結構です。また③は抜かしてもＯＫです）。

④新しい電球をつけてその光を見て感じます。

はい、終了です。またまた簡単でしたね（笑）。

いまの会社が合わない人や会社に行きたくない人は、「会社を辞めていい」と自分に許してあげてください。

そして、同じように、電球がついているイメージをして、その電球をポイっと宇宙に投げてください。そのとき、サポートしてくれる存在を意図して、新しい電球をつけかえましょう。きれいな光がともっていますね。

はい、終了！　これであなたの波動は軽くクリーンになっていますし、会社に行かねばならない、という執着やブロックがはずれていますので、逆に会社に行ってもストレスを感じなくなったり、いまの会社を辞める選択肢もあるでしょう。

自分が自分らしく生きられるための最善が起こってくるので、まめにこのワークをやってブロック解除をしていけば本当に軽く楽になっていきます。心にブロックをかけていると、自分で自分をどんどん追いこみ、苦しくしてしまう場合もたくさんありますので、気軽なセルフヒーリングとしてこまめにクリーニングしていきましょう。

それと、スピリチュアル系の人たちに多い悩みですが、「自分の使命を果たしたいが、使命がわからない」という声をよく聞きます。

「使命を果たさねばならない」と思うと、それが負担になり、苦痛にさえなってしまうこともあります。それでは本末転倒です。

ですので、この場合も電球の取りかえワークで「私は使命を果たさなくてよい」と許可を出してしまいましょう。自分の人生に人はなんらかの意味づけをしたくなる生き物なので「使命を果たさなきゃ！」とか「私の使命は一体なんなのだろう…」と悩む人がとても多いのですが、そうなってしまうとその想いが強い執着になったり、いまの人生を楽しめなくなってしまうので、「使命なんて関係ない！」などでもいいと思います。

そして、好きな高次元の存在にサポートをお願いし、電球の取りかえワークをしてください。とにかく、波動がおどろくほど軽やかになりますので、とても気分が楽になりますよ。

お金のブロック解除も簡単シンプル！

お金のブロックは昔の私も強かったです。地球に生きているとだいたいの人がもっているブロックなのかもしれません。

人それぞれ、お金に対する感情が違いますし、その人のお金に対する気持ち、観念は、生きてきた環境やその家の教育、両親のお金に対する観念などが大きく影響するのですが、地球で生きていく上では現時点ではやはり必要なものですので、お金に対するブロックが強い人は、集中してワークをしていったほうがよいと思います。

それがはずれたら、もうそれはものすごいことになりますよ〜。

お金に関するブロックは、地球最大のブロックなのかもしれません。宇宙人たちはこれを体験したくて、うらやましそうに眺めていますからね（笑）。

でも、お金は単なる紙でしかありません。焼いて食べられませんし、寒い夜に体をあたためてもくれません。さみしいときに話し相手にもなりませんよね。

要するに、**お金とは、それ自体に意味や価値はなく、なにかと交換するためのエネルギーです。単なるエネルギーだと思ってみると、すごく楽に感じて、お金と仲よく、気持ちよく、つき合うことができます。**

それと、お金のような大きなブロックであればあるほど、それがはずれたときの爽快感や心地よさ、波動の軽さは最高です。

これをぜひ実感していただきたいです。大きなブロック解除ができれば、４つのステップも一気にスピードアップして進めていけるようになるので、お金のブロックはすぐに取りかかっていきましょう。

はずし方も簡単です。お金に対するさまざまな感情を一つずつ薄皮をはぐようにはずしていけばよいのです。

たとえば、買い物に行ってお金を払うとき、「あ〜、またお金がなくなっちゃう」という恐怖や不安の感情があらわれたら、すぐに電球ワークをやって、ブロック解除をする癖をつけるのも手ですし、統合ワークをしてもよいでしょう。

統合ワークは出てきた感情を外側に手放して、自分の内側に光を入れこむイメージをもちます。それだけです。

それを繰り返し行うことで、お金に関する観念がどんどんなくなっていきます。簡単なワークですが、とてもパワフルな効果がありますので、このワークは徹底的にやったほうがよいと思います。

ユーチューブなどで統合ワークの方法を解説してくれているコンテンツがたくさんあるので、ご自分に合うもの、ピンとくるものをいろいろ試してみるのも面白いかもしれません。

またお金がつねに欠乏していると感じている人は、数字に強くフォーカスしてしまっていて、「今日はこれだけ減っていってしまう」とか、「今月はもうこれだけしかお金がない」という思考が強く働いてしまっています。

「私は〇〇〇円しか受け取れない」とか、「私は毎月これくらいしか稼げない」という枠を自分自身でつくってしまっているので、その枠をもっていると、それ以上拡大できません。

ですから、もしも会社員やパートで働いている人が月給いくらと決まっているとしても、その何倍ももらっているような上限を引き上げた設定にしてみましょう。

たとえば、月収20万円の人が、50万円もらっているイメージをもってみましょう。そうすると、行動が変わってきます。考え方も変わってきます。

枠をつくってしまうと、その枠の中だけで物事を考えたり、その枠以上のことがなかなか現実化してこないので、頭の中でまず枠を取り去ってしまいましょう！

自分の中のお金に関する潜在意識を書きかえることで、現実がそうなってきます。

その場合のコツですが、あまりにかけ離れた金額をイメージしても、自分がその金額を手にしたときの恐れや不安、とまどいなどのエネルギーが出てしまうので、逆効果です。

ある程度の小刻みな目標設定をしていき、達成できたら、次の設定金額、そして、さらにアップさせた次の設定というふうに段階的に枠を引き上げていくと実現しやすいような気がします。

何度も言いますが、お金に関するブロック解除はみなさん多かれ少なかれ必要なワークだと思いますので、時間のあるときに集中してやってみてください。そうすればいつのまにか軽くなって、お金が回っていることに気がつくでしょう。

恋愛や結婚に関するブロック解除

ときどきいただくお悩みの中に恋愛や結婚など男女関係（女性と女性、男性と男性同士ももちろん同じです）が多いので、このあたりのブロック解除についてもお伝えしておきます。

パートナーさんとの関係がなかなかうまくいかない人たちを見ていると、お金と同様に、執着がちょっと強いかなと思うケースが見受けられます。

よくしたいからこそ執着してしまう、という理由はとってもよく理解できるのですが、執着してしまうとハイアーセルフが動きにくくなってしまうので、恋愛や結婚が成就しないという逆効果になってしまいがちです。

ですから、**これもお金やその他のブロック解除と一緒で、「どっちでもいいや〜」、「この人と一緒にいられなくても大丈夫」くらいに意図しておくと、恋が成就しやすくなったり、違う相手があらわれることもあります。**

また、特定の相手の特徴をイメージして、願望のブロック解除をするとかないやすくなると思います。その人が優しくて、誠実な人だったら「優しくて、誠実な人と結婚していい」などとブロック解除をするのも効果的だと思います。

あと、気をつけていただきたい点があります。

「オーダーを出したのに、理想の相手が来ないなぁ」と思って、「ああ、やっぱり私には無理だったのかな」と落ちこんだり、自己否定してしまう人もいらっしゃいますが、ベストなタイミングでそれがかなうようになっていますから、ハイアーセルフにオーダーしたら、あとはもう自分の波動をひたすら整えているだけで十分です。

オーダーを出したあとも、そればかりを考えていると、執着がどんどん強くなってしまうので、あとはハイアーセルフにお任せです。一人の時間を楽しんだり、ボーっとしたり、好きな音楽を聴いて散歩したり、どんどん自分の心地よい時間をつくっていきましょう。

それと、**なんでも答え合わせをしないというのも大事です。「いつ来るんだろう？」、「全然思うようになっていない…」などと答え合わせをしているとそれが執着になってしまい、ハイアーセルフが動きづらくなります。**

すべてはハイアーセルフがベストな状態に導いてくれますので、安心してすべてをゆだねているといいでしょう。ハイアーセルフに託しておけば、最善の形で望みはかなっていきます。

ただ、お伝えしておきたいのは、**自分の内側が満たされていないと不足感や欠乏感が出てきて、誰が相手であれ、うまくいきにくいと思います。**

まずは自分の内側を満たして、心地よく幸せであること。周囲は自分の内側を投影しているのですから、自分が幸せならば、周囲も幸せです。

逆に、自分の内側がまったく満たされてなくて、ずっと不足を感じているならば、相手もそういう不足を感じている人が集まってきてしまいます。これも波動の法則、宇宙の法則です。

不足を感じている者同士が恋愛したり、結婚しても、なかなか長続きするのは難しいですよね。相互依存になってしまうとお互いがしんどくなります。

ですから、自分が満たされること。その上で、パートナーをオーダーして、そのあとは自分の波動を整えながら、リラックスして準備しておきましょう。

自信がない人のブロック解除

「なにか人生を変えたいけれども、自分に自信がないんです」という相談をよく受けます。

なぜ、自信がないのかというと、一つには、自分が一体なにが好きなのかわからないからです。

地球に住んでいると、他人の目をつねに気にしながら生きていますので、周囲のためによい選択ばかりしてしまって、自分自身にとって一番よいと思う選択、自分が一番好きな選択をしていないんです。

周囲を気にした選択ばかりをしていると、自分がなにを好きかわからなくなり、何者なのかわからなくなってしまうケースも多いように感じます。

親や社会、周囲の友人たちの目を気にして、または、彼らにとってよいことを選択してしまう人は特に日本人に多いのではないでしょうか。

それと、もう一つは前世がかかわってくる場合もありますが、これはブロック解除などのワークをしたほうがよいでしょう。

具体的に例をあげると、自分の過去世で何か失敗したことがあり、ひきずっている特定の周波数（たとえば、自信のなさや挫折感、自己肯定感の低さなど）があるとして、それを今世でも解除できていないために同じ波動をもっているので、そういう現象と共鳴してしまうのです。

今世で、なにか成功したいと思っていても、「どうせ私にはできない。無理」という自信のない周波数が残っていて、それが過去世の周波数同士で共鳴してしまっているケースがあります。

どうすればよいのかというと、これも自分の好きなことをやっていけばいいんです。宇宙規模、世界規模でなくてよいので、身近なことからはじめましょう。

外でボーっとするとか、絵を描くとか、映画を見まくるとか、旅に出るとか、本当に自分がやりたいと思うことをどんどんやっていってみてください。

コツはそんな大きなことでなくて、すぐパッとできる好きなことや心地よいことをすることです。

小さなことをいくつもやっていれば、どんどんそれが拡大発展していって、大きな夢が見えてきます。やりたいことが明確になってきます。新しい夢が見つかるかもしれません。自分で自分が喜ぶことをしてあげる。大人になるとなかなかできませんが、もっとわがままになってよいのです。

わがままって、自分の好きなことに集中するってことですよね。でも、他人を傷つけるわけでないし、自分が満たされていくので、結局は周囲にもその波動が広がっていきます。みんながよくなっていくのです。もちろん、自分の自信にもつながっていきます。

まずは自分が満たされて、自信をつけること。その先に他人がいます。周囲に気をつかって自信をもてなくなっている人たちは、自分よりも他人が先に来てしまっています。

それは自分が外側ばかりに目を向けているからなのです。

そういう方は、周囲に気づかいができる優しい人たちに多く見られる傾向ですが、ここは宇宙の大きな懐《ふところ》をドーンと借りて、思いきり自分のことを幸せにしてあげましょう。

外側をシャットダウンして、まず自分自身に目を向けて、自分に集中して、小さいことから積み上げていけば、おのずと自信がついてきますから、安心して、自分が気持ちよいと感じられる時間を自分のためにつくってあげてくださいね。

インナーチャイルドを癒してあげると進みが楽になる

自分の内側にあるブロックにはいろいろな種類のものがありますが、幼少時のつらかったことやイヤだった体験、悲しかった思い出など、さまざまなトラウマが自分の中に残っていることも多々あります。この存在がインナーチャイルド(内なる子ども)

です。

「自分には子どものころのトラウマはない」、「つらい体験はあったけど、いまの自分にはなにも影響はない」と思っている人でも、あまりにつらい記憶や体験に鍵をかけてしまっていて、無意識的に封印しているケースも結構見受けられます。

また、インナーチャイルドの存在が強い人は、思考がとても強いので、そこがハイアーセルフとの一体化を邪魔したり、アセンションの妨げになったりもします。

ですから、**自分の中のインナーチャイルドを癒してあげて、その記憶を手放せれば、いまの自分が楽になり、ハイアーセルフと一緒にいる感覚をはっきりとらえることができるようになるので、自分の中のインナーチャイルドをしっかりと癒してあげてから、ステップ４までをはじめたほうが楽だと思います。**

インナーチャイルドの存在が強いと、こちらがいろいろとお話しても、「いえ、でも…」とか、「わかっているけど…」とか、「そうじゃなくて…」とか、割と否定や懐疑から入ってくるタイプの人が多いように感じます。

でも、こういう幼少時の感情は重い波動なので、地球がアセンションに向かって高波動になっているいまの時期、共鳴できなくなってきて、自分自身がどんどんしんどくなってきてしまいます。それに、自分が本来の自分に還って、地球に生まれてきた幸せや喜びや感動を十二分に味わい尽くしたほうが絶対に楽しいですよね！

ですから、心のブロックになりがちなインナーチャイルドを癒して、解放してあげて、アセンションへの道をどんどんひらいていってほしいと思います。

インナーチャイルドの癒し方はいろいろありますが、どなたでも簡単にご自分でできる方法がありますので、ご紹介しておきます。

インナーチャイルドのセルフヒーリング

①年齢を0～7歳、8歳～15歳、15歳～21歳、…、そして、現在の年齢までを7歳くらいずつ区切っていって、0歳から順にそのときの悲しかった体験や葛藤、トラウマを思い出していきます。

その当時のトラウマになっている体験（トラウマとまでいかなくてもひっかかっている出来事や悲しかったこと、つらかったこと、怒りなど、どんな些細なことでも

OK）をしていた自分を思い出し（できれば年齢も思い出して）、そのとき、どんな気持ち、感情だったのかをなるべく具体的に思い出してください。どこかの時点で「あ、このとき、学校でいじめにあった」とか、「家で両親がいつもお金のことで喧嘩していて、子どもだった自分はつらかった」とか、ふつふつといろいろな思いが湧き出てきます。

普段は忘れていた記憶がよみがえるかもしれませんし、追体験のように感情が湧き出て涙が出たり、悲しさや恐怖がよみがえるかもしれません。ちょっとつらいと思いますが、インナーチャイルドを解放するために必要なプロセスになりますので、無理をしない程度に記憶の糸をたぐっていきましょう。

②傷ついている当時の自分に寄り添い、「よくがんばったね！　ありがとうね。もう大丈夫だよ」と優しく声をかけてあげて、認めてあげてください。そのとき、なにが苦しかったのか、どうしてほしかったのか、原因を把握して、ケアしてあげるようなイメージをもつと、より一層癒しが増します。多くの場合、そのときの自分を認めてくれる人が周りにいなかったのです。でも、自分で自分に寄り添ってあげる

インナーチャイルドを癒すセルフヒーリング

①年齢を0〜7歳、8〜15歳…と現在の年齢まで7歳くらいずつ区切り、
そのときのつらかったことや悲しかったことを思い出していきます。

②そのときのあなたに優しく
「もう大丈夫だよ。ありがとう」と言って、
優しく抱きしめてあげましょう。

③次にまた7歳ずつ
年齢を上げていき、
トラウマがあれば同じ方法で
癒していきます。

ことで、子ども時代の自分が癒されていきます。ただ、認めてあげるだけでずいぶんと心が軽くなってくると思います。波動も軽くなってくるので、定期的にやってあげるとよいでしょう。

③トラウマになっている体験が複数ある場合もあるので、その癒しが終わったら、次の年齢まで引き上げていき、いまの年齢になるまで順番に見ていくとよいでしょう。方法は同じです。

このワークだけでもインナーチャイルドは癒されて、悲しい記憶が書きかえられていますので、いまのあなたの波動も軽やかなものに変わっているはずです。このように、自分の中でひっかかっている思い出はご自分で書きかえていきましょう。

振り返っている途中であまりに体調が悪くなったり、気分がすぐれなかったら、そのときには中断してもらって結構です。無理して一度にやらなくても、タイミングが来たらまた行えばよいのです。

もしも、自分は「自己否定の感情が強いなぁ」とか、「自己肯定感が低いかも」と思ったら、インナーチャイルドを癒してあげると生きるのが楽になります。そして、アセンションするスピードも圧倒的に早くなります。

インナーチャイルドを癒す方法はいろいろありますので、根が深い方や一人で行うのが難しいと感じる方は、ライトワーカーのインナーチャイルドセラピストに癒しを手伝ってもらうといいでしょう。

たとえば、インナーチャイルドセラピー、インナーチャイルドヒーリング、アルクトゥルスヒーリングなど、さまざまなアプローチ法がありますので、ご自分に合うものやピンとくるものを探したり、その道の専門家の人たちに相談されてもよいかと思います。

ちなみに私がスピリチュアルの道を歩みはじめて間もないころ、いろいろなブロックが強すぎて解除しても解除しても、なにかがずっと残っていたのです。

ある日、アルクトゥルスのヒーリングを受けたところ、「あなたのチャクラがボロボロだよ」といわれ、アルクトゥルスがチャクラの交換をしてくれました。それにより、ずいぶん自分自身が楽になったのです。

まれにこういうケースもありますが、普通は、インナーチャイルドの癒しをすれば十分です。チャクラの交換は必要な人と必要でない人がいます。「こうしてください！」とお願いしてもその人にとって最善のヒーリングをされていきますので、もしも専門家にお願いする場合は、ご自分に必要なヒーリングを受けるようにしてください。

それと、一人でやるのは心細いけれど、専門家まではちょっと…、という方は、信頼できる家族や友人に協力してもらってもよいと思います。どのような形でも結構なので、ご自分に合う方法をいろいろと試してみてください。

インナーチャイルドという存在は、自分では日頃気づきにくいのですが、幼少時の記憶や体験がいまのあなたの大きなブロックになっていることもありますので、この機会に自分自身と向き合ってみてください。波動が軽くなり、ハイアーセルフと一体になり、人生にキラキラと輝きが戻ってきます。一度向き合う時間を取れば本当に楽になりますので気楽にやってみてください。

恐れの感情を手放すとアセンションもスピードアップ

恐れという感情は誰でも多かれ少なかれもっていると思いますが、**あまりに恐れの感情が強いと、自分がハイアーセルフと一体化するときにも妨げになることがあります。**

この恐れや恐怖の感情のもとになっているのが、いま、お話した幼少期のトラウマや悲しい体験、つらい記憶である場合も多いのです。これらの記憶をひきずったまま、もしくは、封印したまま、大人になると、どこかでしんどくなっていきます。

自分らしく人生を切りひらいていくときにも足かせになってしまいますし、自分本来の軽やかな波動で動けませんので、進化のスピードがとっても遅くなってしまいます。とてももったいないですよね。

ですので、もしも、恐れの感情が自分の中に結構あるなと思ったら、自分はなにに恐れを抱いているのか、その原因と向き合い、全部をバーンと手放してすっきりしてしまいましょう。

実は、私自身も幼少時に恐れの感情をたくさんもっていました。特に、責任感、何かをやり遂げられなかった場合の恐れや恐怖の感情が強い子どもでした。ちゃんとやらなきゃ、ちゃんとできなかったらどうしよう、という責任感を果たせなかったときの恐怖の感情がしょっちゅう出ていました。

私は、4人兄弟の下から2番目で、兄や妹は個性が強くて、兄弟の中では影が薄い子、親に迷惑をかけないよい子という感じで育っていました。

それもいま思えば、親の期待にこたえたいという自分の仮面をかぶっていたのかもしれません。

月日が流れ、大人になり、いまの主人であるインド人と結婚したいと両親に話したとき、人生で一番激しく親とぶつかったのです。人は遅かれ早かれ、いつか、本当の自分と向き合わなければいけないときがきますので、それが私はそこだったのかもしれません。

では、どうやって、恐れの感情を手放していくかというワークをご紹介していきます。

さきほどご紹介した0歳から年齢ごとにトラウマやつらい体験を探っていくインナーチャイルドのセルフワークをしていただいてももちろんＯＫです。ただ、私の場合は、はっきりといつの時代の自分が恐怖の原因になっているのかわかっていますので、直接、そのころの小さい私に、いまの私が声をかけてあげます。

「そんな無理しなくていいんだよ。大丈夫だよ」

どのようなことを話しかけてもいいので、その当時の自分にかけてあげたい言葉、安心させてあげられる言葉をかけてあげてください。

そして、そのときの自分を丸ごと認めてあげてください。それだけで、自分の恐れの感情やインナーチャイルドの癒しになります。これで波動が軽くなり、心がすっと気持ちよくなると思います。

それと、私の場合だったら、責任感に恐怖を感じていたので、それも手放してしまいます。

「責任感なんて感じなくていいよ」

こう声をかけてみます。

そうすると、イメージが浮かんできて、小さい私が砂場で元気に遊びはじめました。それだけで重かった周波数がガラッと書きかえられました。それを実際に体感できると思います。

私が特別な能力をもっているわけでなく、誰もができることですので、自分の恐れを手放したい人やインナーチャイルドの癒しが必要だと感じている人はどうぞ試してみてください。簡単に潜在意識を書きかえることができます。

それと、人によっては、恐れの感情が過去世から来ている場合もあります。または、現世と過去世からダブルで来ているケースもあるので、思い当たるときには全部の原因を手放していくとよいでしょう。現世でも過去世でもこの方法で浄化することができます。

私はとても古い魂（オールドソウル）のため、恐れの感情は、前世にも関係しているようなので、こちらもこの方法で書きかえていきます。

現世の原因を手放す方法と同じですが、参考までに、私自身が実際に行った方法をご紹介します。

過去世の自分は、どうも銀河系を丸々一つ管轄していたようで、責任感の強さからかなり生真面目にその重圧に耐えて仕事をしているように見えました。

そこで、その私に対して声をかけました。

「一人で責任なんて背負わなくていいよ。楽しくみんなで銀河をつくっていこうよ！」

宇宙にいる私は驚き、「あ、そうだったよね。一人で責任を負わなくてもいいんだ」と急に元気になり、みんなで楽しそうに仕事をしはじめました。

こういうビジョンははっきり見えるわけではありませんし、最初はなにも感じないかもしれません。でも、感情解放のワークやインナーチャイルドワークを一人でやっているうちに、だんだんビジョンがはっきり見えてきたり、少なくともイメージを感じられるようになってきます。

なにも感じなくても大丈夫です。その原因となる時代のあなたに優しく声をかけてあげて、安心させてあげてください。これだけでも、ものすごい効果があります。

そして、**恐れや不安、心配の感情がなくなると、自分とハイアーセルフがつねに一体になっている感覚が満ちてきますので、ネガティブな感情があらわれなくなってきて、スムーズに次の進化へのステージに向かうことができます。**

簡単！　セルフヒーリングで自分の体調や波動を整える

いまの時期、なんだか体調が悪かったり、疲れやすいなど、心と身体のバランスが崩れているという人たちが多いそうです。

それは、**地球の周波数がどんどん上がってきているので、人間の重い周波数をもっているとと、それらがブワーっと浮き出てきて、いろいろな膿《うみ》出し（デトックス）が起こっているのです。**

地球と人の周波数が共鳴できていないと、心身がアンバランスになり、体調や心のバランスを崩しやすくなってしまうのです。

そういうときにはセルフヒーリングを行うと膿出しのスピードも速まりますし、身体や心が楽になると思いますので、手軽にできる方法をお教えしましょう。

簡単！ プラーナ呼吸&オクタヒドロンヒーリングの方法

まず、プラーナ呼吸をして、自分を浄化していきます。プラーナとは光のことです。リラックスして、宇宙から光のラインが自分の頭上を通って、松果体を通って、ハートチャクラまできて、体全体を光が満たしていく様子を想像してください。そのとき、同時に、光のラインが自分を通して下までスーッと通っていく様子を思い浮かべ、体全体が光で満たされるようなイメージをしてください。こうやっていくと、光の保有量がどんどん体内に増えていきます。このときに自分の内側にあるモヤモヤした感情や不調などをハートから外側に一気に出していくようなイメージをしてください。

この調子でしばらく呼吸を続けていき、次に、オクタヒドロンという正八面体の神聖幾何学を使ってヒーリングしていきましょう。

オクタヒドロンは上下がピラミッドの形をしています。このオクタヒドロンを両手

心をデトックス!
プラーナ呼吸ヒーリング&神聖幾何学「オクタヒドロン」ヒーリング

①プラーナ(光)呼吸ヒーリングの方法

宇宙から光のラインが
自分の頭上に届き、
脳の中の松果体を通って、
ハートチャクラに届き、
体全体に光が満ちていき、
ハートから外側に
ネガティブな感情が
出ていくイメージをします。

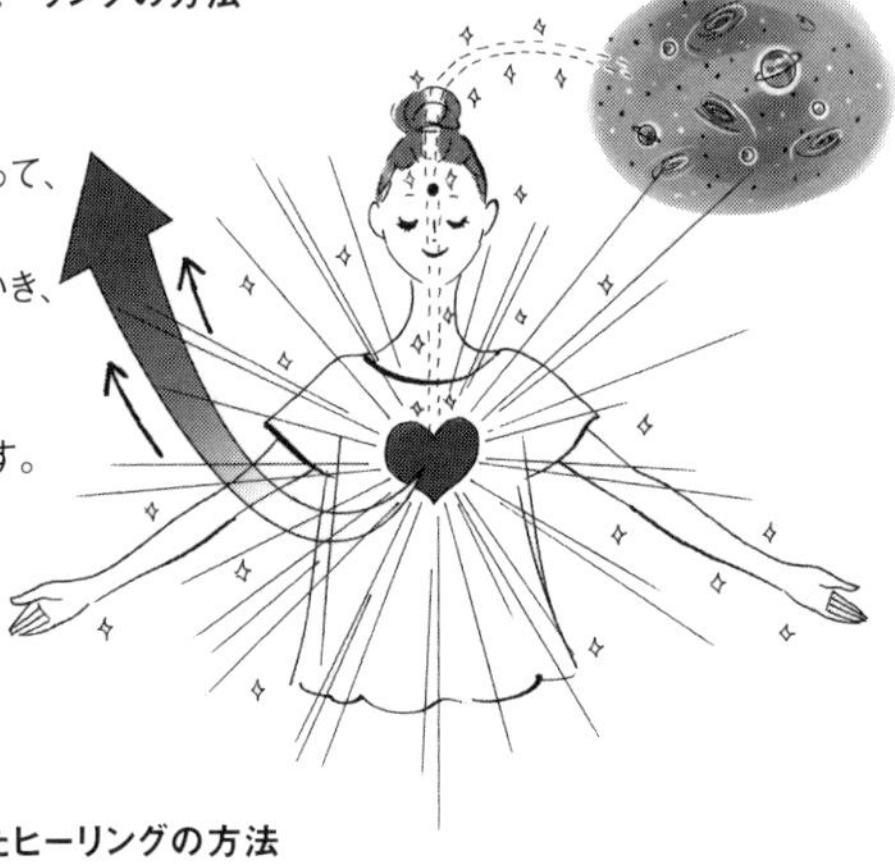

オクタヒドロンを用いたヒーリングの方法

①のヒーリングに続けて行います。
オクタヒドロンを両手にのせて、
みずからもオクタヒドロンの中に入って
リラックスしているイメージをもちます。

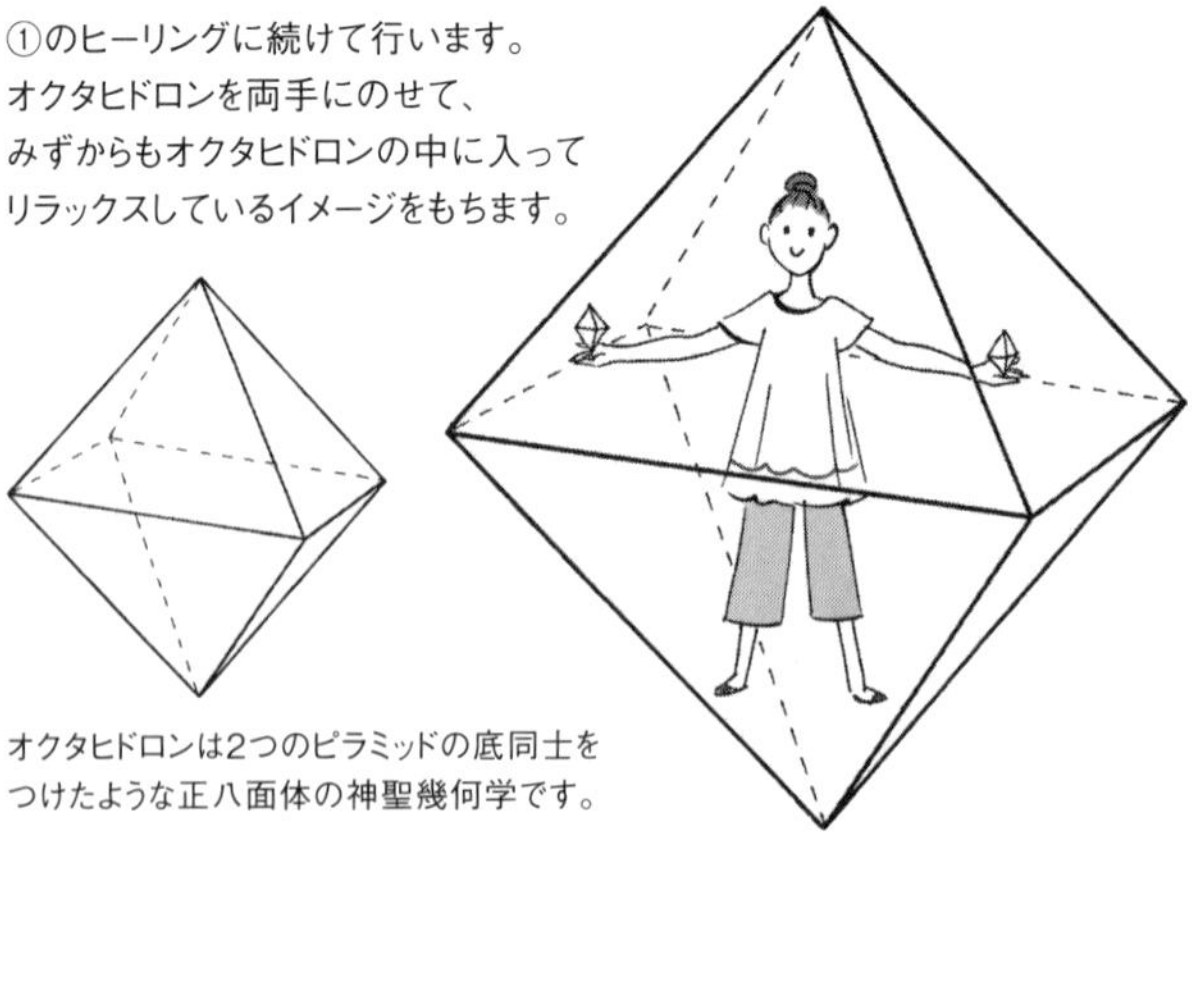

オクタヒドロンは2つのピラミッドの底同士を
つけたような正八面体の神聖幾何学です。

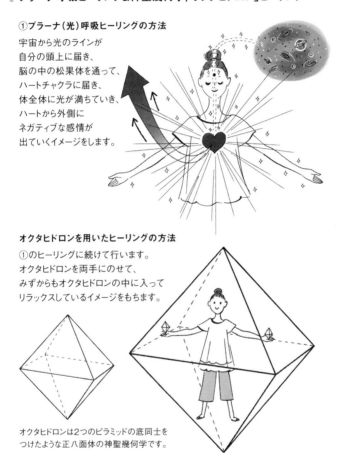

にのせながら、さらに大きなオクタヒドロンの中に自分が入っているイメージをします。

自分が中に入ったまま、しばらくリラックスしましょう。オクタヒドロンがあなたを整え、癒しのエネルギーを送ってくれます。神聖幾何学をヒーリングに使うと、自分の波動や体調が整ってきます。

そのときに、眠くなる人やいろいろな映像や色、ビジョンが見えてくる人もいるかもしれません。もしも眠気が強かったらそのまま寝てしまってもＯＫです。

はい、これで終わりです。最後にオクタヒドロンに感謝を伝えましょう。忘れても大丈夫です。私もよく忘れますので（笑）。

本当はみなさん一人ひとりがとても才能のあるヒーラーなのです。ですから、自分で自分を癒せるようになれば、誰かに依存したり、どこかに通う必要はなくなります。もちろん、ケースバイケースで、誰かにヒーリングをしてもらったり、ワークを受けることも有効ですので、自分の体調や環境などに合わせて、うまく使いわけてみてください。

第4章
宇宙の波に乗るとミラクルの連続です

●スターシード

地球以外の高次の惑星や銀河などから、地球や人類のアセンションをサポートするために、自分自身が望んで地球に転生をしてきてきた魂たちのこと。地球と人類に光と愛をもたらすためにやってきた宇宙由来の魂です。地球での生活になじめず苦しみを抱えるスターシードたちも多くいますが、彼らが自分の使命に気づき、覚醒すれば、この地球や人類がさらなる高次元へと上昇するための手助けをすることができます。また、本人が地球へ転生する前の記憶をもっていなかったとしても、前にいた星の影響がなんらかの形で残っている場合が多いです。

すべてが自動操縦でうまくいく！

私も昔は、なにかやりたいことがあったり、ほしいものがあったりすると、超現実的な人間でしたので、まずは一生懸命仕事をしてお金を貯めていました。

もうド直球の方法でがむしゃらに仕事して、節約して、睡眠時間を削って、自分の体を動かして無理やり達成させようとしていたという感じです。

もちろん、目標額が貯まればやりたいことを実現できますが、それだとものすごく時間はかかるし、体も心もへとへとに疲れるし、他のことをする時間も余裕も一切なかったり…。

もちろん、そういう直球コースも可能ですが、達成したときに自分が疲れきってしまい、達成しているのに思ったより感動が薄くなってしまったり、まだ何かやらなければと思ってしまうことが多かったです。

それでも、小さい金額でかなう目標は自分の努力でもなんとかなりましたが、大きいお金が必要になるゲストハウスを建てたい夢となると、もうその方法では無理でした。

ビジョンボードもやりましたし、新月満月の願いごとを書いたり、神様にお願いしたり……、あらゆる方法を試してきました。

でも大きな夢は15年以上まったくかなわず、「宇宙の力を借りても、やはりかなわない夢もあるのかな〜？」とあきらめて、きっぱりと手放したのです。

「あ〜、いまの私の力ではもう絶対に無理!!」と。

私の人生の大部分は、ずっとこの大きな夢にがんじがらめになっていました。

そんなときに宇宙の法則に出合いました。

宇宙的な方法はとても簡単で斬新で、ものすごく効果的です。もう地球的な方法ではごちゃごちゃまどろっこしくて私には合わないし、みなさんも同じように感じているのではないかと思います。

地球的なたくさんの努力やステップがある方法では長期間続かないし、願望実現はしにくいので、宇宙的方法を取り入れたほうが間違いなく楽です。

私はたくさん遠回りをして、夢が10年以上かなわないという苦しかった経験があるので、宇宙的な方法がどれだけ簡単で確実かを身をもって体験してきました。それと、知らず知らずにつくってきた自分の思いこみの癖や枠、ブロックになっているものを全部取っ払うと一気にすべてが変わり、願望が実現するスピードも速くなります。

宇宙的なかなえ方は、先にかなったときの喜びや感動の波動を出すのがポイントです。かなったときの感情をまず先に味わってしまいます。先にかなった気持ちを感じるんです。かなっていなくても、先に、その感情をリアル体験してください。

「わー、嬉しい!!　やった!!!」

こんな感じでかなう前に喜びの感情を表現してしまうのです。

変な人かもしれませんが（笑）、それが宇宙的な夢のかなえ方の第一歩です。

願いが届いてからかなうまでのタイムラグがあるのが地球ですから、先にどんどん喜びを出していけばあとからその願望がかなっていくんです。しかもこのタイムラグがどんどん短くなっており、かなっていくスピードも速くなっているので、かなったときの波動を思いきり出しまくっていきましょう！

そのあと、「本当にかなうのかな、やっぱり無理かな」というネガティブな感情や不安の波動が出てしまう人も多いかもしれませんが、あとはハイアーセルフに完全にお任せしてください。

人間なので、100％信じきって不安ゼロ、という神様みたいな境地は難しいと思いますが、ベストな形でかなうので、オーダーしたらあとはすべてを忘れて波動を整えることに集中しましょう。

もうそれだけです！

不安な気持ちや無理だと思う気持ちが出てきたらブロック解除などで書きかえていったり、どんどん手放していくようにするとよいでしょう。

自動操縦で人生が思い通りになると、本当に楽しくなりますよ。もがき苦しんできた体験のある私が実際にとても楽になり、たくさんのミラクルを起こしているのですから、みなさんも必ず体験できるのです。
宇宙のシステムはとてもシンプルにできていますので、絶対に大丈夫です。

高次元の存在やハイアーセルフはオーダーを待ち構えている

よく、「お願いごとは一つのほうがいいですか?」と聞かれます。
そんなことはありません！　高次元の存在やハイアーセルフはみなさんからのオーダーを待っているので、大きな願いも小さな願いもいくつでもどんどん出しまくって発信していってください。まとめていくつでもドーンとお願いしちゃいましょう！

遠慮という感覚は宇宙にはありません。あなたが発信したものがそのまま返ってくるのです。ですから、こうなりたい、こうしたい、ということがいくつもあれば、どんどんオーダーしてOKです。

特に日本人は謙虚ですから、「わたしなんか…」とか「そんな夢は自分には無理だ」とか思ってしまい、最初からその願望が自分にふさわしいかどうかジャッジしてしまう人も少なくありません。

遠慮や謙虚という感情は一見よさそうに感じますが、実は自分をおさえる原因でもあります。そして、オーダーを出さないとハイアーセルフは「これだけでいいんだ」と認識し、それだけのことをただ実現していきます。

大きいものを出せば大きく実現するし、小さいものを出せば小さく実現するし、遠慮や謙虚な気持ちでオーダーを出すと、それが実現します。

本当に全部を自分が決めていて、そういうふうに私たちは生きています。人間は地球ではハイアーセルフをもっともっと小さく縮小した、ごく一部として生まれていますから、自分自身のことを本当の自分よりもとても小さく見積もってしまうんです。ついつい過小評価してしまうんですよね。

それが昔の地球の特性でしたので、仕方ないことなのですが、もう気づいてくださいね。本当のあなたはとっても力があり、とっても豊かであり、とっても偉大な存在であり、たくさんの素敵な可能性に満ちあふれている最高の存在なのです。

ですから、どんな夢だっていいのです。


まったくないものは夢としても浮かび上がってきませんから、それをしたい、そうなりたい、と思っている時点で、それがあなたの潜在意識にインプットされているのです。ということは、すでにかなっている未来からそのエネルギーが来ているから、その願望が出てくるのです。それを自分自身が引き上げて現実化するだけの話です。


実際、いくつも願望や夢がある場合、それらがどのような順番でかなっていくのかは宇宙のタイミングですから、まったくわかりません。どのような形で現実化するのかもわかりません。

もしそれがあなたが描いている形でなかったとしても、それが最善最高の内容であるはずなので、喜んで受け入れましょう。

また、それがわからないからこそ面白いし、宇宙の自由さ、斬新さでもあるのです。

まったくもって自分では想像できないようなかなない方をしていくんですよね。これが本当に面白すぎるんです。

私もこれまでに「おおおー、まさかそんな形でかなうとは!!」という意外なパターンがたくさんありました。高次元の存在やハイアーセルフの動いてくれた結果は、人間の想像以上になることが多いです。

でも、それが楽しいんですよね。そしてこのハイアーセルフや高次元の存在は本来の私たちですから、「本当は人間ってこんなに自由で斬新でユニークな存在なんだな～」と感じて、いつも感動しちゃいます。

いまは地球が高波動ですので、すべては宇宙的に加速していきます。

歯を食いしばって、努力して、我慢して、なにかを自力で成し遂げる方法を捨てて、ただ1度だけオーダーを出して、願望を忘れる。宇宙を信じる、ゆだねる。そして波動を整える。

昔のことわざで「果報は寝て待て」という言葉がありますが、本当にこれは宇宙の法則を知っていた人がつくったのではないかと思います。

日本では、果報をただひたすら寝て待つなんてひどいなまけ者だ、動け、動け、動け、努力しろ、とずっと信じられてきましたが、その考え方では自分がしんどくなって、命がけで努力してやっと夢がかなっても、そのときには、心身が疲れ果ててしまい、かなった夢を楽しむ体力や精神力が残っていないかもしれません。

ですから、果報は寝て待っていてよいのです。いえ、むしろ忘れてください。安心リラックスしていれば、あとからみるとすべてがかなっていた…、なんてことになっていくでしょう。

迷わない人生ってこんなに楽しいんだ！

ハイアーセルフとつながりっぱなしになると、本当に人生が楽になります。まず、なにも迷わない人生ってとんでもなく楽しくて、気持ちよいのです。私がやっていることと言えば、スムーズに宇宙の流れにプカプカ漂っているだけです。リラックスしてゆるゆるゆるゆるんでいる。安心してごろごろしている。自分のやりたいことをしている瞬間こそがハイアーセルフの波動そのものだと思っていますので、もう120%自分のハイアーセルフを信じきって、ゆだねきっています。なにかで迷って、悩んで、困ることがほぼなくなっています。何か問題が起きても、すべての出来事が最善になってしまうという体験がしょっちゅう起こっています。

ありがたいことに、ユーチューブで動画を発信したり、オンラインサロンを開設したことで日本中、世界中のたくさんの人たちが私の存在を知ってくださっています。そして、さまざまな方々からいろいろなお仕事のオファーをいただくようになりました。なんだか嘘みたいな夢のような感じの出来事です。

昔ならば、すべてのお仕事がただただありがたい、お金も必要だからがんばってすべてを引き受けなきゃ、と考えていたと思います。

でも、いまは違います。自分の直感がハイアーセルフと直結していることを知っているので、直感にしたがって、どんなによさそうなお話だったとしても、自分がなにか違うと思ったらやらないという選択を迷わずにできるようになりました。どんなによい条件でも心が「やりたくない！」と言ったら、これはハイアーセルフが「NO！」と言っているということなので、引き受けません。

この判断は、ただ自分の直感や感覚だけです。

でも、**直感が働いてくれているから、何事にももう迷うことはありませんし、1ミリも直感を疑っていないので、さらに直感が冴えてくるのです。信じきっているとさらに大きな恩恵を宇宙からもらえるようになります。**

本当にこれって不思議ですよね。

でも、これはすべて自分のハイアーセルフとともにいるからこそです。

そして、この力はすべての人に備わっている能力ですので、自分の感覚にそって生きる。すべての感覚はハイアーセルフであると思っています。この感覚を感じること、感じる力を開花させること、信じることで、誰もが人生に迷わなくなります。この楽々な人生の歩き方をみなさんにもぜひ味わってほしいと思います。

本当に楽になるし、なにより日常のなんでもないささやかな出来事にいつも感動して、涙が出てくるほど感謝を感じる感性や力を取り戻せるようになると思います。

私たちはもともと波動であり感覚的なことはとても鋭いのです。そこを長年閉じてきたので、そこを感じる訓練をしていけば、本来の自分の潜在的にもっている能力がどんどん自然に外側にあらわれてきます。

ハイアーセルフと一体でいると なにも迷わない!

最初はたった2人だけだったお客様がいまや数千人に！

私自身がハイアーセルフの力を何度も体験してきましたので、いくつかこれまでの体験をお話しておこうと思います。

いまから3年前に、お茶会のイベントをはじめて企画しました。「何名来てくれるかな～」とワクワクドキドキしながらその日を待ちました。

「少なくとも10名ぐらいは来てくれるかな?」と予想していたのですが、ふたを開けてみると、来てくださったのはわずか2名のみ。まだまだスピリチュアルの世界でまったく無名だった私のもとへ2名も来てくださることはありがたいのですが、知っている方でしたので、正直ちょっとへこみましたし、笑えました（笑）。

でも、ベストを尽くしてお茶会を行い楽しい時間をすごしました。でも内心は「もうお茶会なんて募集したくない！」と、人数が集まらなかったことを引きずって落ちこんでいる自分もいました。

そして、そのあとそんなことをすっかり忘れて、波動を整えることを意識するようになったり、自分の感情のブロック解除をしたり、セルフヒーリングをしながら、ユーチューブにこまめに動画をあげていき、宇宙の法則や波動の話、ハイアーセルフの話などをどんどん発信していきました。一方では、多くの方々に講座をひらいて、本当に無我夢中で突っ走ってきたと思います。

もちろん、ハイアーセルフにも「もっともっと自分は拡大していきたい！」というオーダーを出した上で、せっせと波動を整えていたのです。

それからというもの、ユーチューブの動画を見てくださる人の数がどんどん増えていき、ありがたいことにいまでは数万回アクセス、登録者数も5万人を超えています。

あのお茶会のときを振り返ると、嘘のような展開です。

さらに、セミナーや講習会などを開催すると、ありがたいことに、数時間ですぐ満席になるようになりました。自分でもなにが起きているのかわかりません。

しかし、いままでの感覚で、数百人に増えたお客様との講座を一対一でやろうとしたら、一日5回くらい講座をするようになり、しゃべりすぎで舌が回らなくなってきて、さすがに体力と気力の限界を感じ、少しずつ方向転換をしていきました。

こうやってガツガツとがんばることがよいと思って昔はやっていましたが、もうここまできたら無理だ、もっと楽をして収入がきちんと入るようにしたいと思うようになり、再び、ハイアーセルフにオーダーを出したのです。「もうこれ以上は無理！ もうイヤだ！ 楽することにする」と宣言し、私は昔のように馬車馬的な仕事をしないで、楽することを自分に許すことにしました。「トロピカルジュースを飲んで、ビーチでボーっとしている間に、お金が入ってきたらいいな～」と思い、そういう生活をオーダーしました（笑）。

もちろん、これがかなったらどんな気持ちかなと想像して、具体的に妄想すること、それがかなったときの気持ちを先に感じることが重要です。

「あー、ホッとする。極楽!! 最高!! ゆったりしながら仕事ができて嬉しい～！」

そしてオーダーを出したあとは、なにもジャッジせず、「いつかなうかな」と一切期待もせず、忘れる。あとは波動を整えることにひたすら集中して一生懸命ボーっとしていました。一生懸命ボーっとすることは、かつての私にとっては難しかったので、壁に「ボーっとする」とか「波動を整える」とか、目につくところにたくさんの紙を貼って、いつも見ながら波動を整えていました。

当時の私は、このままの生活を続けていたら心も身体も壊れてしまうというギリギリの状態でしたので、自分がゆっくりリラックスしたまま、自分のペースでスピリチュアルな仕事をしていき、できれば自動で回るように、そしてお金が十分に入ってくる形にしたかったのです。

スピリチュアルを仕事にしていくことは心からの喜びですが、基盤となる自分の生活にゆとりがなく、時間に追われ、やることばかりが山積みになっていたら、自分の波動が乱れて、ハイアーセルフからずれてしまいます。つねに、自分のペースでゆったりと暮らしていくことこそもっとも大切なことなのだと思います。

日本人はなにもしないでボーっとしている時間に罪悪感をもってしまう人も多いのですが、何かしなくちゃとか、時間がもったいないとか考えず、自分がその状態にいることを許してあげてください。

「楽な進み方をしてよい」と、自分自身にまず許可を与えることです。

私は海外に住んでいますが、海外ってマイペースでのんびりしている人がとても多いです。周囲の目を気にせず、自分の心のままに好きな場所で好きなことをしていたりします。公園の木の下で本を読んでいたり、日焼けを楽しんでいたり、お茶をゆっくりと飲みながら仲間と語らっていたり、朝から晩まで一人でずっと絵を描いていたり、人によって時間の過ごし方は本当に千差万別です。

これは彼らが自分の心のワクワクにしたがって、好きなこと、気持ちよいと思うことをしているので、彼らのハイアーセルフや宇宙に同調しているということです。好きなことをやって、本人は知らずにハイアーセルフを味方につけているのですから最強なんです！

日本の方もそろそろ意識的にやるときが来たのかもしれませんね。

本当に日本人はいままで忙しすぎましたから、これからは楽して進む宇宙的な生き方にシフトするときなんだと思います。

サロン運営の適任者を宇宙にお願いしたらキターーーーー‼

いま私は「スターシード★サロン」というオンラインサロンを、共同で運営しているのですが、まだサロンをはじめる前、「みんなが自由に集まれる場所があれば人と人がつながれていいな！　サロンをつくりたいな」と思っていたのです。

また、お客様からも「みんなで交流できる場所をつくってほしい！」という要望をよくいただいていましたので、なんとか自力でつくれないかと数回トライしました。

でも私はＩＴ系にあまり強くないし、インドにいるし、育児も仕事もあるし、自分の波動を整えるリラックスタイムも超大事だし、その時間が楽しいし（笑）、うーん、やっぱり自分一人ではできない！　何度トライしてもどうやっても無理でした。

でもやはりどうしてもそういうオンライン上の交流の場をつくりたかったので、いちかばちかの気持ちでハイアーセルフにオーダーを出しました。

それも、「ＩＴに強くて、経営者で、スターシードで、スピリチュアルの世界を深く理解していて、自分と同じ感性をもっている優しい人」といろいろな注文までつけたのです（笑）。

オーダーを出しておきながら、そんな人いるわけない、見つかるわけない、という気持ちがたくさん出てきました。

ですが、いつものようにハイアーセルフを信頼して、オーダーを出したあとはそれをすっかり忘れて、いつもの波動を整えることに集中していました。

正確には、日々の生活と仕事に追われていて、自分のオーダーをすっかり忘れてしまっていたという感じです。

そうしたら、半年後に、なんと、ＩＴに強い方が声をかけてきてくれて、その方といま一緒にスターシードサロンを運営させていただいています。

私が出したさまざまな細かい注文を本当にハイアーセルフは見事に全部かなえてくれました。オーダー以上の素晴らしい方なので、ハイアーセルフの斬新さに笑いました。おそらく自力で探しても絶対に見つからなかった方だと思いますし、思わぬところからの出会いでした。

本当にハイアーセルフの仕事は早いです！　それも予想以上のことをいつもしてくれます。オーダーを出したあとに、それがかなったとき、どんなふうに感じるのか、どれだけ嬉しいか、どんなふうにリアクションするのかを具体的に妄想してくださいね。

私の場合もきちんと妄想はしておきました。

「わー‼　すごく嬉しい‼　ありがとう‼　一緒にお仕事ができる素敵な仲間がすぐに見つかってハッピー‼」とかなうより前に喜んでしまうのです。あとは波動を整えてそのタイミングを待つだけです。

その結果、本当に素晴らしい方とのご縁があり、サロンの運営を実現することができたのです。それも、この方に出会って1週間であっという間にサロンが実現してしまったことや、自分の思い描いていたやりたいこととその方のやりたいことが完全に重なっていたことも驚きで、鳥肌ものでした。

こういうシンクロがたくさん続いて起こってきたり、面白い展開で願望が次々とかなっていきます。みなさんのハイアーセルフも同じように動いてくれますので、どんどんオーダーを出して、願望を現実化させていきましょう。

遠慮はいりません。楽しんでオーダーを出す習慣をつけてみてください。

ホテルを建てたいという大きな夢も宇宙の力でかなった！

ほかにも、ハイアーセルフが起こしたミラクル体験がたくさんあります。

私の長年の大きな夢はゲストハウスを建てたいというものでした。若いころに世界中を旅していたこともあって、世界中から多くの人たちが集まれるような場があれば楽しいだろうなぁ〜とずっと思っていたのです。

それで、「インドでゲストハウスをつくりたい！」とハイアーセルフにオーダーしました。もう10年以上出し続けていたオーダーでしたが、ずっとかなわなくてあきらめていました。

だけど、ハイアーセルフへのオーダーの出し方のコツが徐々にわかってきたので、もう一度試してみたのです。

普通だったら、この土地を買って、建物を建てて、中にベッドやら家具を買って…、と考え、じゃあ○○○円くらいのお金が必要だから、どこから借りようか、とか、自分の貯金ももっと増やさなきゃ、とか、まぁいろいろと段取りやら長〜い時間のかかるプランを立てますよね。もう予定を見ているだけで気が遠くなり、気持ちが重くなり、波動も重くなるような遠い道のりです。

実際10年以上もかなわなかったので、「向いていないんじゃないか？」とか、「私の人生でそんなものをつくることは無理なのではないか？」という気持ちになっていましたが、「これでかなったら願望実現が本当だと証明できる」と自分でもそこは確かめてみたくて、あえてオーダーを出してみました。

いままでかなわなかったのは「いつかなうか」をいつもいつも期待して待ち構えていたことが執着になっていたということがわかってきたので、今回はオーダーを出して、波動を整えることだけに集中していました。

その結果、ゲストハウスの夢も最高の形でスムーズにあっという間にかなっちゃいました。ハイアーセルフって本当にすごいです！

私の場合は、インドの自分の家の横によい土地があり、「この土地を手に入れられたらゲストハウスが建てられるなぁ」と思っていました。でも、それは人の土地ですし、売るつもりはないと言われていましたので、簡単に購入できるものではありませんでした。

しかし、ハイアーセルフへのオーダーは自由ですので、「この場所にゲストハウスをつくりたい」と発注しておいたら、あれよあれよという間に、円満にその土地が手に入ることになったのです。

そして、必要な資金も調達できて、工事がはじまり、もう夢のゲストハウスが完成しちゃいました。

しかもびっくりなのが、私はこのゲストハウスを建てるために何もやっていないんです。主人が鼻息を荒くしてやる気になっていたので彼に丸ごとゆだねて、私はのんきにユーチューブなどを見ながら、波動を整えていただけです（笑）。

しかも、このゲストハウスを建てるという目標の中で彼は大きく成長し、別人のように頼もしくなってくれました。

ゲストハウスが完成したことも、主人がさらに頼もしく素敵な男性になったことも本当に嬉しいかぎりで、アメリカンドリームならぬ、コスミック（宇宙的）ドリームが実際に起こったのです。

「波動を整えている」という、一見すると関連していない動作の中にすべてがうまくいってしまう秘訣があったのです。

ハイアーセルフの願望実現の方法は先にも書きましたが、とっても個性的で、たとえばホテルがほしいと思ったら、ホテルを建てるお金が突然入ってくる場合もあれば、ある人からホテル丸ごとをプレゼントされたり、家を買ったらホテルももれなくついてきたり、いろいろなパターンがあります。

人間では到底考えつかないような意外な形でその夢がかなうことも多々ありますが、手に入ったのですから夢はかなったということです。そのかない方は無数にあり、方法を選ぶのはハイアーセルフ。私たちの役目はその夢のオーダーを出すことだけです。

ですから、まずはオーダーを出しましょう！

諦めたり遠慮したりしてオーダーを出さないと、さすがのハイアーセルフも手出しできずに、願望をかなえたくてもかなえることができません。

人は直球的な一つの方法しか思い浮かばないものですが、宇宙の規模はその何十倍も何百倍も何千倍もスケールが大きいので、その願望実現の方法もかなりぶっ飛んでいます（笑）。本当に笑っちゃうくらいにダイナミックなのですが、宇宙はしっかりみなさんのオーダーを実現してくれますので、大船に乗った気持ちでゆだねていきましょう。

みなさんもご自分の夢や願望がどのような形でかなうのか、ワクワク楽しみにしていてくださいね。

でも期待しないということが、ハイアーセルフがスムーズに動くコツです。待ち構えたり、答え合わせをしないで忘れるぐらいの気楽さで波動を整えていることが大切なポイントです。

願望がかなう前から かなったときの感情をあらわす!

①ハイアーセルフに1回だけオーダーを出します。

②オーダーしたら、
かなったときの感情を
先に出します。

③波動を整えてリラックス。

④現実化!

日常がシンクロの嵐になる

私は波動を整えるようになってから、圧倒的に行動をすることが少なくなりました。自分から行動しなくても「こうなったらいいな～」と思っていると、そういうお話がやってきたり、そういう現実にいつの間にか変わっていくという経験が日常的に多くなりました。

私は歌や声を出すことが好きなのでユーチューブでよくマントラを唱えたり、歌を歌ったりするのですが、「自分の曲がほしいな～！　オリジナル音楽がほしいなぁ」とふっと思っていました。

そうしたら、数日後に一通のメールが来て「ａｋｉｋｏさんのために曲を作りました！」とオリジナルの曲が送られてきたんです！　それも、とっても素敵な躍動的な曲で驚きました。

また、あるときは「マントラを歌う動画をインドの楽器と合わせて撮影したら素敵だなぁ～♪」と思いながら波動を整えていたら、主人が「(自分の)お姉さんの娘のご主人がインド古典楽器のスタジオをもっているから、ａｋｉｋｏにとっていいんじゃない？」と急に話し出してびっくり！

しかも身内なので何でも無茶ぶりができちゃう(笑)。このように、自分がまったくその目標を達成するために努力したり、一切動いてないのに、周りから勝手に情報やご縁が集まってきちゃうんです。これが日常の中でしょっちゅう起こるようになるので、本当に毎日がミラクルでワクワクでとっても面白いです。

「本を出したいな。あと雑誌にも出てみたい。本の講演会とかもやってみたいな」と思っていたら、これまたこちらのビオ・マガジンの社長さんからメールをいただいて、本書につながり、それも自分が願っていた以上の素晴らしい内容でしたので、心が躍り出し、喜びで鳥肌が立ちました。

私が自分からガツガツなにかをしていたというよりも、波動を整えてごろごろして、「こうしたいな～。こうなったら最高♡」と願望や気持ちを感じていたら自動的にこういう展開になっていき、意外な所から夢はかなっていくんだと実感しています。

それと、日ごろから好きなことをやる、苦手なことやしんどいと思うことはやらない選択をすることも大切です。

たとえば、私は料理や家事をするのがあまり得意ではないし、面倒なので、できれば他の人にやってもらいたいと思っています。そうしたら、だんだん他の人にやってもらえるような環境になってきています。

インドでレストランを経営しているので、いままでお昼ご飯はレストランのコックさんにつくってもらって、家族のための朝食と夕食は私がつくるといった感じでした。でも、今回のコロナウィルスの影響でコックさんも仕事がなく、暇になってしまったので、朝、昼、晩の三食をつくってくれて、いつもコーヒーや飲み物までつくってくれています。ついでに子どものご飯やお世話までやってくださっているので本当にありがたい限りです。

完成した例のゲストハウスのスタッフの女性は、我が家のお掃除もきっちりやってくれて、しかも私のマッサージもほぼ毎日やってくれます。インドの女性はとてもマッサージがうまいので、心身がリラックスできて助かっています。

気づいたら、前々から「こんなふうになったらもう天国のようだな〜」と思い描いていた生活が勝手に現実になっていて、しかも、誰も無理してやっているのはなく、みんながリラックスして、のんびりしていて、喜びからやってくれているので、すべてが最高の形になっています。

コロナウィルスの拡大によってこのインドでもロックダウン（都市封鎖）が続いていて（2020年4月現在）、村に住むご近所さんたちも気分転換にコックさんの食事をゲストハウスに食べにきたりして、みんなが互いに自然な流れで助け合っています。これらもすべては波動を整えているおかげで、宇宙が私の願望を現実化してくれているのです。もちろん、世界的なコロナウィルスの流行などの問題は一日も早い終息を願っていますが、周囲の人たちと助け合って暮らすという形を体験できているのはプラスの面だと思っています。

家族や周囲の問題も自分の波動を整えるとすべてが解決できる

家族や大事な人たちにはいつも幸せであってほしいと誰もが願っています。私ももちろんそうですし、いつも両親や兄弟、周りの人たちが幸せであってほしいと思っています。宇宙の流れに乗っていて何が一番嬉しいかというと、私の周りにいる人たちがみんな幸せそうで、どんどんよくなっていくということです。

一方、家族や周囲になにか問題があると、自分自身も同じように悲しい気持ちになってものすごく苦しくなってしまうし、悲しそうにしていると何とか力になりたいと一緒に悩んでしまいます。家族や周りが幸せであるために私は何ができるのかといつも考えていました。

多くの人にとって、家族の問題はご自分の問題でもあり、私の場合、苦しい原因の大半は家族にあったように思います。

しかし、これも宇宙の流れに乗ってくると驚くほど簡単に解決していきます。

まずは**自分自身の波動を整えて、本来の自分自身のペースで生きること、宇宙の流れに乗って無理をしないで心のままに生きるようにしていくと、家族全員がよい方向へ向いていきました。そして、いつの間にか、みんながニコニコ幸せになり、感謝されたり感謝したりというういい感じの関係になっていきました。**

波動を整える直前、私の両親や兄弟は大変な局面にいました。兄がガンになり、余命宣告を受けて、その看病をしなければいけなくなった時期に実家の自営業を閉めることになりました。その他にもいろいろな問題が同時期に起こり、両親や兄弟はとても苦しそうで、私も「どうにかならないか、よい方向に向くようになんとかできないか…」と頭を悩ませていました。

親が苦しい状況に陥っている姿を見ることほどつらいものはありません。自分の子どもが病気になって余命宣告を受けるなんて…、こんな悲しすぎることがあるなんて…、と本当に胸がはりさけそうな思いでした。

また、私にとっても大事な兄ですから、信じられない気持ちと、受け入れがたい残酷すぎる現実に直面していました。

でもそういうときこそ、波動を整えて自分のペースを大事にして、すべてがよくなっていくイメージを意図していました。襲いかかってくる現実問題をいろいろと考えてしまうと自分の感情や気持ちが乱れてしまうので、意識的に波動を整えることだけに重点を置いていました。そして、なるべくよいイメージやよい未来を想像して、あとは波動を整えるだけです。不安になりそうな情報が来ても「大丈夫、大丈夫」となるべくポジティブな方に意識をもっていくようにして、ブロック解除もこまめにやっていました。

そうしたら、ものすごく複雑に絡み合っているような問題が一つ、二つ…と解決していったのです。両親と兄弟がもめていることも多かったのですが、一致団結してきて、お互いに思いやれるようになっていきました。

また、協力者もたくさんあらわれてきて、強い絆が生まれていました。絶対に抜け出せないような問題もいとも簡単に解決に向かい、手のひらを返したような最高の展開になっていったことは本当に驚きでした。

その後、兄は亡くなりましたが、両親はこれを機に1週間に6日間朝から晩までびっしり仕事をしていた自営業をやめて、東京から故郷の長野県に移住することになりました。

親戚がたくさんいる長野での暮らしがいまはとても楽しいようで、生き生きと毎日過ごしています。都会から自然のある生活になり、畑を楽しんだり、ゆったりと暮らしています。

また長野で私の仕事の法人を立ち上げて、両親や妹にも手伝ってもらっているので、年金以外の収入があって、しかも在宅で仕事ができることをとても喜んでくれています。多少の親孝行もできているようで嬉しい限りです。

この文章を書いているいま現在、コロナウィルスがまだ拡大していますが、もしも両親がまだ都会に住んでいたら人が多いので心配な面もありましたが、この感染拡大のちょうど1年前に長野へ移住していたこともある意味ベストなタイミングになっていたんだね、感謝だね、とよく家族でも話しています。兄弟も仕事や収入がきちんとあり、プライベートもみんなが充実してきていて幸せそうなので、私もとても嬉しいです。幸せや喜びは人々の間をグルグルと循環しながら、広がっていくのですね。

周囲の人たちの運気までどんどん上がっていく不思議

私が波動を整えはじめて驚いたのは、私とかかわる人が人気になっていくということです。

俗にいう〝あげまん〟というやつでしょうか（笑）。でも、もともとはそんなことはまったくなかったと思いますし、むしろ、自分は運気を下げてしまう〝さげまん〟だと思っていました。周囲の人たちの運気を上げていく〝あげまん〟をものすごくうらやましく思っていたし、私にそんな力がないことにとても悲しい気持ちになっていました。

ですが、波動を整えて、自分を大事にして、周りを全然見ていないぐらいに自分自身に集中していたら、前にも書きましたが、主人がものすごく男らしくなり、頼もしくなりました。自信をつけて変わってきたんだと思うのですが、頭もものすごくきれるし、機転もきくし、優しく寛大な面が出てきました。

彼の長所が前面に出てきて、「旦那さん素敵だね！」とか「超いい人」とか言われるようになって、周囲から一目置かれる存在になってきました。

普通、夫がチヤホヤされ、人気者だと嫉妬したりするかもしれませんが、自分が満たされて大満足なので純粋に喜ばしく、私もさらに大好きになっちゃいます。周囲から人気があるというのは人として魅力があるということですし、人望はないよりもあったほうが絶対によいですよね（笑）。

また、私の姉も私と同じくライトワーカーでスピリチュアルを仕事にしています。とても優しくて素敵な人ですが、いままでは裏方的にあまり表に出ないで、こじんまりと仕事をしていました。それが最近、姉の誠実な人柄がみなさんに伝わってきているようで、人気が出てきて、さらに本人もそれが自信となり、いきいきと輝いていて、本当に嬉しく思います。

姉ともお客様とも周囲ともその喜びをわかち合えて、「私たちは本当に幸せだね！」といつも話しています。

このケースも、私が波動を整えているので周りが勝手にどんどんよくなっている一つの例だと思います。

もともともっているその人のよさが湧き出てくるのと、本人が自分を許して自分を生きるタイミングとが合致するから、こういうことが起きてくるのでしょう。

このように、あげていったらキリがないくらい、私にかかわっている周囲の人たちが不思議なぐらいに運気が上がり、その人たちのもっているよい面が外側に出てきて、みんながとてもよい状態になってきています。

頭が固くて病気がちだったうちの隣のおじさんは笑顔が多くなり、問題がたくさんあった近くの家族も、いまはとても仲良く幸せそうに楽しそうにすごしています。

人は自分だけが幸せになっても、それは本当の幸せではありませんよね。愛する家族や大切な周囲の人たちみんなが幸せでいることが真の幸せだと思います。

自分の波動を整えているだけで、自分だけでなく、家族や友人、周囲の人たちみん

ながが幸せになる。そして、地球上の人たちみんなが幸せになる。そう思うと、がぜんやる気になってきますよね！

地球上の人たちがみんなで波動を整えはじめていったら、いさかいはなくなり、地球が美しい楽園に戻る日はすぐ近くにあるはずです。

災害や危機的状況も宇宙の力で守られ回避される

いま、コロナウィルスのため世界中が身動きが取れない状況になっています。この状況の中で、みんながそれぞれのできることを模索していたり、発想の転換を迫られているかと思います。

宇宙の流れに乗っているということは、危機的状況をいつの間にか回避できているということがあとでわかることも多くあります。私もそのような経験がこれまでにたくさんありましたので、その体験のいくつかをお伝えさせていただきます。

２０１９年５月、私は日本に一時帰国したのですが、その間に、私の住んでいるインドのオディシャ州はいままでで一番大きなサイクロン（台風）が発生しました。１９９９年に起きたサイクロンでは約１万人の犠牲者が出たのですが、今回のものはそれよりも大型だったようです。

日本にいるときにその話を聞いて、残っているインドの家族のことが心配でしたが、パニックにならないように心がけ、自分の波動を一生懸命に整え続けました。

幸い、過去の教訓からインド政府が早めに警告を出したので、犠牲者は数十名にとどまりました。

また、サイクロンが発生したのがインドの季節の中でも一番暑い時期で、場所によっては１カ月近く停電していたので、その暑さ対策が大変でした。

私たちはインドに帰り、空港から家までの車窓から変わり果てた街並みを見て驚きました。サイクロンで家がなくなった人や家が壊れた人、たくさんの木がぼきぼきに折れて、町全体が破壊されたようになっていました。

でも、インドの家についたときには２週間止まっていた電気がその日からつきはじめたようで、エアコンや扇風機も普通に使えました。

また、近所の人たちや周りの人たちもほとんど被害を受けてなかったようなので、あんなひどいサイクロンの後なのにその影響をほとんど受けなかったという不思議な経験をしました。これは偶然のように思いがちですが、いつも波動を整えていると災いが自動的にそれてしまうという経験の一つです。


また、いまはコロナウィルスで世界中の機能や活動が止まっていて、仕事や収入が通常のように入らなくて困る方も多いと思いますが、ストレスや不安にさいなまれそうなこの時期もポジティブにとらえれば、これからの人生においてどう生きていくかという選択をしたり、いろいろと考えてみるためのよい機会になります。

たとえば、やりたくない仕事をイヤイヤやっていた人や、行きたくない会社に毎日心が折れそうになりながら通っていた人などはこの機会にお家で自分の波動を整えてみると、いろいろと現実が変わってくると思います。

本書ですでにお伝えしているように、「やりたくない仕事＝ハイアーセルフから逆走」ですので、こういう時期こそ、自分のハイアーセルフと一体になって、本当の自分が求めていること、心から喜べることを選択してほしいと思います。

私は、もともと、数年前からやりたいことだけやっていたので、コロナウィルスの問題が発生しているいまもそれ以前と同じように快適な状況で暮らしています。

いま、インドも他の国と同様に、コロナウィルス感染拡大を防止するためのロックダウンで、数カ月自由に買い物に行ったり、動くことはできませんが、仕事が自動で回るようにしてあるので、のんびりほっこり変わらない生活をしながら、ありがたいことに、収入はこれまで通りきちんと入ってきます。そして、事務作業などは、他の人にすべてネットで仕事をお願いしているので、みんな在宅ワークができて収入も変わらず入ってくるので、とても喜んでくれています。

コロナパニックになる直前にゲストハウスも完成していたので、いま現在はゲストハウスとしての収入はありませんが、ここを別荘のようにみんなで使ってリゾート気分を楽しんでいたりします。

今回のこの世界的なコロナパニックは、自分の波動をしっかり整えてさえいればばな

にも恐れることはなく、つねに平常心でいられるようになります。

そして、自分だけでなく、家族も周囲もみんながよい方向に自動的に向かっていきますから、〝ＳＴＡＹ ＨＯＭＥ〟の時間こそ、波動を整える時間にあててみてください。遠回りのような方法が、実は一番の近道で最強の方法であることがわかっていただけると思います。

いま、地球はアセンションのときなので、世界中でいろいろなことが起きます。それも同時多発的に起こる事象は今後も増えていくような気がしています。

それらが起こることは避けられませんが、その渦中に巻き込まれてしまうことを避けることはできます。

波動を整えて、宇宙の流れに乗っかっていくと、勝手に人生のモードが最適化されていき、数々の困難を軽やかにジャンプして飛び越えていけるようになり、いつも平安の世界にいられるようになります。

難しいことはいっさいありませんので、みなさんも波動を整えることを本当に大事にしてほしいなと思います。

第5章

毎日できる
akiko流
波動メンテナンス

●第6チャクラ

身体の中で7つあるエネルギーセンターの6番目のチャクラ。場所は眉間。第3の目、サードアイとも呼ばれ、目、神経系、脳および額、特に松果体に深い関係がある。直感力や第6感をつかさどるチャクラとして知られ、危険を察し、みずからを守ってくれます。また、第6チャクラがひらくことによって、「目に見えない、あらゆるものの本質を見る」ことができるようになり、未来予知、超能力、透視や霊視などのスピリチュアル能力や、人や物のオーラやエネルギーが見えたり、直観力が冴えわたるなど、さまざまな潜在能力が覚醒されるといわれています。

波動メンテナンスは毎日やるべし！

本書でご紹介した4つのステップの中でも「波動を整える」ことはとても重要です。そして、これはぜひとも毎日毎日できる限りやっていただきたいのです。

STEP❶の「安心、リラックス、ホッとする、好きなことをする、無になる」と同時に行うことで相互作用が生まれてきます。

たとえば、ずっと座っていることでリラックスできる人もいれば、散歩して歩き回っていることが癒しになる人もいますので、ここの部分は自分が好きなこと、無になれること、ホッとできることをすることが大切です。

この時間をなるべく毎日とることが波動のメンテナンスになっていきます。

自分の波動をまめに毎日整えていくことで、直感力も感覚も鋭くなってきますので、ハイアーセルフとつながりやすくなり、離れにくくなります。

そして、つねにつながっている状態をキープできるようになりますので、毎日空いた時間があれば波動を整えるようにしてください。

のんびりゆったりが最高の波動チューニング

本書で何度か書きましたが、私はインドの田舎に住んでいますので、ヤギや犬がゴロンと道端で寝ていたり、牛がのんびりと草を食んでいたり、それはそれはのどかな場所なのです。こういう場所に住んでいると、もうどこに行っても自動的に波動が整ってしまいます。

東京で仕事と育児に追われていた時代では考えられなかったくらいのんびりゆったりまったりと時間が過ぎていきますが、この環境でリラックスしていることが私にとっての波動のチューニングタイムなのです。

都会に住んでいる人も近くの公園を歩いてみるとか、川を眺めてみるとか、日帰りで海や山に行ってみてもよいでしょう。時間が取れない人はお日様の光を浴びながら近所を散歩するだけでもＯＫです。

太陽の光を浴びたり、月光浴をしたり、森林浴をしたり、雲や星を眺めたりすることも自分の波動を整えるための簡単かつ効果的な方法ですので、おすすめです。砂浜に寝転がってみたり、波打ち際で足を濡らしながら歩いてみたり、なんらかの形で自然に触れるのはとてもよいと思います。

ペットのいる家は、家の中で大好きなワンちゃんや猫ちゃんと遊んだり、お子さんがいらっしゃる人はお子さんと遊んだりしている時間も無の境地で夢中になっていますから、無意識的に波動が整ってきます。

ほかにも自分が好きなことや夢中になれる趣味がある人は、その時間を大切にしてください。

「〇〇しないといけない」、「△△すべきだ」という事柄は、ハイアーセルフとつながる状態とは逆走してしまいますので、なるべく避けましょう。

とにかく、心地よく楽しく気持ちよくボーっとできる状態を少しでも長く続けることです。

やりたくないことはやらない！

ハイアーセルフとつながり続けるには、とてもシンプルな鉄則があります。「やりたいことをする」、すなわち、「やりたくないことはしない」ということです。

たとえば、結婚してお子さんもいる奥さんが、料理が一番の苦手だとします。普通ならば、料理を一生懸命勉強して、苦手意識をなんとか克服したり、毎日なんとか料理を作りますよね。本人がそこに喜びを見いだせるならばそれもありですが、料理をしない、という手があります（笑）。

「私は料理が苦手で嫌いだから、料理はしない！」と宣言して、ご主人に料理担当になってもらうとか、ケータリングを頼むとか、自分が料理をしなくてよい、と自分に許可を与えるのです。

前にも書きましたが、私もインドで3人の子育てをしながら、ユーチューブ用の動画を撮影したり、日本との仕事がありますので、料理はあまりしません。お昼ご飯は経営しているレストランのコックさんにお願いしてつくってもらっています。これはお金云々の話ではなく、やりたくないことを無理やりやっているのは波動が乱れますし、自分の喜びではありませんし、ストレスにもなりますし、結果、ハイアーセルフと離れてしまいます。

もしも料理が嫌いな奥さんがストレスを感じながら毎日しぶしぶ料理をつくっていても奥さんの喜びではありませんし、その料理にも喜びの波動はありません。

それならば、他の方法で食事を準備し、空いた時間をかわいいお子さんと一緒にワクワクする遊びをしたり、近くの公園にお散歩に行ったり、好きなことをするほうが家族にとってよいのです。

奥さんの波動が整ってハイアーセルフとつながっていたら、家族にもその波動が伝わりますので、家族全員の波動がよくなり、みんなが幸せになっていきます。

物事には一つしか解決策がない、ということはありません。「これが苦手なら、こっちをしたらいいんじゃない?」という考え方を取り入れてみてほしいと思います。こういう柔軟な考え方も、ハイアーセルフと一体になるための一つのポイントです。

もしも、いま、なにかイヤなことを無理にやっている人がいたら、「嫌いなことや苦手なことをやめる！」という選択をする勇気をもってほしいと思います。

これも波動を整えるためのワークです。

ライトランゲージに挑戦して宇宙存在とアクセス

ライトランゲージ（宇宙語）とは、光の言葉です。さまざまな惑星や高次元の存在、天使さんや精霊さんたちと交信するときに使ったり、彼らからのメッセージを受け取るときに使います。その内容はいろいろですし、その言葉も人によってさまざまです。

私もよくライトランゲージをしゃべりますが、自分でしゃべろうと意図した言葉ではなくて、口から勝手にどんどんあふれてくる光のエネルギーというイメージの方が近いです。正解も不正解もありません。

ライトランゲージを声に出してみると、自分の中のなにかがはじけてくる人や涙を流しはじめる人も多いです。

これまでの講座でも、突然古い記憶を思い出したり、泣きはじめるお客様がたくさんいらっしゃいました。

ライトランゲージは特定の人しか話せないと思っている人もいますが、みんなが話せます。自分自身の浄化ができますし、ブロック解除しまくりになりますので、宇宙時代のカルマもとれますし、ハイアーセルフと一体になり続けるためにも、ライトランゲージは超おすすめです。

ライトランゲージを話しはじめると、ライトランゲージなしではいられなくなる、と知人のヒーラーさんもおっしゃっていました。

どこでもいつでも気軽にできますので、ぜひ試してみてください。

口から出てくる音がどんなものなのか、人によってみなさん違いますが、全部ＯＫなんです！　正解なんてありませんから、自分が好きな言葉を発してみる。意味がわからなくても口からなんとなく出てくる音でよいので、どんどんライトランゲージに挑戦してみてください。

短くても長くても問題なし。自分がシリウスとかアルクトゥルスとか天使とか高次元の存在とつながりたかったら、最初に「私はシリウスとつながります」と宣言してから、心のままにライトランゲージをしゃべってみましょう。

その意味が自分ですぐにわからなくてもとにかくしゃべってみること。
その言葉があなたへの最高の癒しと浄化になります。

最近はライトランゲージを翻訳してくれる人たちもたくさんいますので、そういう人たちに意味を教えてもらってもよいかもしれません。自分のライトランゲージにどんなメッセージがあるのか知ることも楽しいかもしれません。

第6チャクラをひらくと直感を受け取りやすくなる

私はもともとこういうスピリチュアル能力なんてまったくありませんでした。ゼロからはじめて、いまのような感覚をつかんできたので、「私なんてスピリチュアル能力がないから無理〜」とか「そういう世界の仕事をしたいけれど、才能がない」と思っている方も、**見えないものや直感をとらえる感覚を研ぎ澄ますことでスピリチュアル能力が開花していきます。**

その一つの方法が第6チャクラ（眉間にあるチャクラ）をひらくことです。

いまの地球は波動がとても高くなっていて、それにともない、人類も波動が上がってきていますから、実は、もうすでに第6チャクラが全開になっている人もたくさんいらっしゃいます。

自分で気づいていないだけという方も多いのですが、どなたでもチャクラはひらくことでより直感力が冴えてきて、ハイアーセルフともつながりやすくなりますので、簡単な方法をお教えします。

方法として、チャネリングを用いるのですが、最初は自分の感覚やイメージだけでもよいので、気軽に楽しみながら試してみてください。

第6チャクラをひらくためのセルフワーク

自分のハイアーセルフに「私の第6チャクラは何%ひらいていますか?」と聞きます。たとえば、「50%」と返ってきたとします。

このとき、○%と答えた気がする、と感じたら、その数字を信じましょう。また、なにも答えを得られなかった、なにもわからなかった、という人は10%とか20%くらいからまずははじめてもよいと思います。あくまでもすべては自分の感覚ですので、正解不正解というものはありません。気楽にワークを楽しんでいくことのほうが大切です。

次に、「何%までひらけますか?」と聞きます。「70%」という回答が来たとしましょう。この問答も同様に、そういう答えをもらった気がする、と感じたら、その数字を信じましょう。答えがよくわからないと思ったら、半分(50~60%)くらいまでひらくようなイメージで行うとよいでしょう。

そして、そのまま自分の親指と人差し指を使って眉間にある第6チャクラのあたりを50、60、70…とこじあけていきます。縦にひらいていってもよいですし、横にひらいていってもよいです。どちらでも自分にしっくりいくほうを選んでください。

自分で直接第6チャクラのあたりをこじあけてもよいのですが、やりにくい場合、自分の向かい側に自分と等身大の人形をイメージして、その分身の第6チャクラのあたりを2本の指でこじあけていきます。実際に指を使ってこじあけていってください。

それだけで、第6チャクラがひらいていきます。1回でなく、定期的にやっていくと、潜在意識がだんだんひらいてきて、松果体《しょうかたい》**（注：脳の器官の一つ。第3の目とも言われる）**もひらいてくるので、体感としてなにかしらの変化を感じられると思います。

スピリチュアル能力というと、ある一部の人たちだけに生まれながらにそなわっている特殊能力、というイメージをもつ人が多いと思います。

私も昔はそう思っていましたし、自分にはそういう能力が一切なかった人間ですのでその気持ちもわかります。

ですが、いろいろな経験を経てわかったのは、**誰にでもスピリチュアル能力はあるということです。それがスイッチオフになっていて眠っているか、すでにスイッチオンになっていて覚醒しているのか、というだけの違いだと思います。もちろん、背が**

高いとか目が大きいとか、足が速い遅いという人間一人ひとりの個性があるように、その能力にも幾分の差はあります。

でも、能力ゼロという人は地球上に一人もいません。みんな宇宙からやってきて、その時代のさまざまな能力をもって地球に生まれてきていますので、その能力を覚醒させればよいのです。なにかを新しくつけ加えていくのではなく、もっているものを思い出す作業なのです。

チャクラをひらいていく訓練がどうしてもうまくいかない人は、イメージトレーニングをおすすめします。

たとえば、みかんをイメージしてみましょう。二人で行う場合には、一方が、もう一人に、「味はどうですか？」、「色や形はどんな感じですか？」というふうに、どんどんその対象物のイメージを質問していき、具体的に話してもらいます。

一人で行う場合も、自分でテーマや対象物（リンゴ、ケーキ、海、猫、木、花など）を決めて、そのイメージをどんどん話すようにしてください。

場所でもOKです。たとえば、ハワイを想像してみてください。風はどうですか、気温はどうですか、何が見えますか、周りにはどのような人が歩いていますか、などなど、さまざまな質問をしていき、その答えをどんどん想像していきます。

想像できるものは潜在意識にすでにあるものなのです。あなたの潜在意識に入っているデータをあなたが引っ張り出してきているんです。

最初はちょっと難しいかもしれませんが、視覚でとらえられるようになると、スピリチュアル能力がさらに向上していきます。

これも自分がすでに潜在意識の中にインプットされているものを出していく訓練であり、能力を覚醒させていくためにはとても有効な方法なので、気軽にトレーニングしていきましょう。

そうすると、見えないものものもキャッチできるようになってきます。

これはチャネリングのためのワークにもなっています。ですので、このワークを行っている間にハイアーセルフにつながりはじめますので、自分自身の癒しにもなりますし、本来の自分に戻るための作業にもなります。

心身が疲れているときの自己解放にもなりますので、自分でやってもよいですし、家族で一緒にイメージトレーニングをしていってもよいと思います。

第6チャクラをひらくための セルフワークとイメージトレーニング

●チャクラをひらく

親指と人差し指で眉間にある第6チャクラのあたりを
少しずつひらいていきます。50%、60%、70%とこじあけていきます。

たて方向でも
横方向でも
OK!

自分と等身大の人形をイメージして、
分身の第6チャクラを
ひらいていっても効果があります。

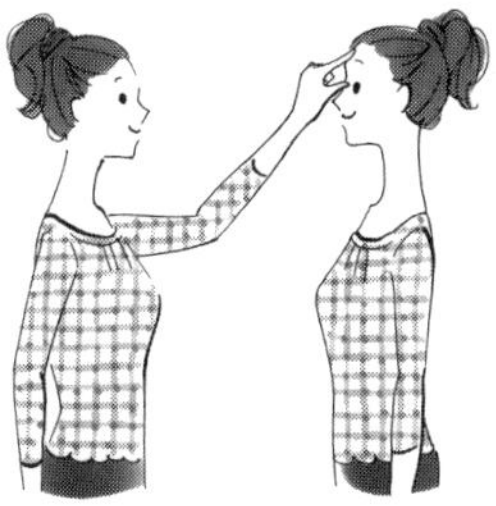

●イメージトレーニング

「ハワイ」でイメトレ!
ほかに自分の
好きな言葉など
なんでもOK。
トレーニングによって
第6チャクラが
ひらいてきます。

『ハワイ』
風が
気持ち
いい〜!
海が
キレイ!
ホテルで
カクテルを
飲む!
ビーチが
混んでいる!

ちょっとずつ溜まる思考のゴミは毎日取りましょう

人間は生きていれば、毎日不安になったり、悲しいことが起こったり、怒りの感情が生まれたり、なんとなく気分が落ち込んだり、いろいろな感情が湧いてきます。

毎日がハッピーで喜びいっぱいでい続けられたら最高ですが、そもそも、私たちはジェットコースターみたいな感情の波や、人生のアップダウンを体験したくて地球に来ているようなものですから、ある意味、それを望んで生まれてきています。

それでも、落ちこんだり、悲しんだり、イライラしたりすると、波動は乱れますし、心の中にネガティブな波動が澱《おり》のように溜まっていってしまいます。

こういう思考のゴミは気づいたら、すぐにとっていくようにしてください。お風呂やおトイレの掃除と同じで、１週間に１度、１カ月に１度くらいだと黄ばみ、汚れが落ちなくなってきてしまいます。

気づいたときには心身が不調になっているとか、もっと深刻な病気になってしまったということもありえます。

ですので、毎日、「あ、なんか気持ちがモヤモヤするな」、「さっきはイライラして喧嘩してしまった」など、自分で気づいたときにはすぐに電球を取りかえる簡単なブロック解除ワークをしたり、ライトランゲージをしゃべったり、緑の多い公園や広場で太陽の光を浴びてボーっとする時間をつくったり、できることでよいのでゴミを取っていきましょう。

毎日思考のゴミを取る習慣をつけていくと、わざわざ自分で意識的に取らなくても、自動操縦で小さいゴミは自分の内側に寄せつけなくなってきますので、最初は手動式でせっせとゴミを取っていきましょう。

どんな高性能な機械でも定期的なメンテナンスは必要ですので、小さなゴミを取りながらあなたの心と体と魂を最良の状態に保つようにしてあげてください。

思考のねじを1本はずしてゆるゆるになってみる

うちの長野のおばあちゃんは98歳で、宇宙由来のスターシードじゃないかと思っています。

私はおばあちゃんと仲良しでよく「人間はねじが1本はずれているぐらいがいいよ」と教えてくれます。自分のことも「わしはねじがはずれている」と言っていて、とぼけたふりをするかわいいおばあちゃんで、本人も全然力が入ってないんです。本当は頭がきれる人なのですが、あえて1本ねじがはずれている感覚で生きている方が自分が楽みたいなのです。

そういうおばあちゃんを見て育っているからか、私も1本ねじがはずれた感覚でいるとすごくラクチンで、なんかあったら「私はねじがはずれてるし…えへへ」と許せるようになったんです。

自分が完ぺき主義ですと、相手にもその完ぺきさを求めて自分が苦しくなります。自分がユルユルでねじがはずれている感覚になると、自分も楽で相手も自由にのびのびとしてきます。

私はそれを意識するようになって、周りの人たちが楽しそうにのびのびとしてくれるようになりました。

やり方は、思考のねじをゆるますために、まずは自分の頭のどこかにネジが刺さっている状態をイメージして（場所はどこでもＯＫ）、そのネジをポーンとはずして宇宙に放り投げます。はい、終わりです！　とっても簡単ですね！

これをイメージするだけで、安心リラックスの波動になりやすいし、簡単なのでねじを1本はずした感覚を楽しんでみてください。

不思議ですが、ネジをはずすと高次元の新しい扉がひらくような感覚になると思います。いつも難しいことを考えてしまったり、思考でがんじがらめになりやすい人、悩みが多い人は、頭のねじを1本はずしてみましょう。

「あー、すっきり楽になった」と、頭も身体も心もずいぶん軽くなるのを実感できるはずです。

エピローグ

全員でアセンションエレベーターに乗るために…。

感受性が豊かですべてにとても敏感な人、いまの世界が生きづらい人、なにかいままで腑に落ちなかったという人は、自分がスターシードなんだ、宇宙由来の魂なんだという考え方を知ると、すべてに納得できるのではないかと思います。

私自身もスターシードだと感じていますし、スターシードという言葉や考え方がとてもしっくりくるので、いま、スターシードを広める活動もしていて、「スターシード★オンラインサロン」というネット上のサロンも共同運営しています。

実際、私のお客様にはスターシードさんたちがとても多く、彼らはとても敏感なので、「いま、この地球で、一体自分になにができるのだろうか?」と、自分たちができることを考え、悩み、さまざまな出来事に胸を痛めている人がたくさんいらっしゃいます。

この原稿を書いているまさにいま、地球ではコロナウィルス（COVID-19）が世界的にまん延し、いまだに拡大の一途をたどっています。

それだけでなく、オーストラリアなど世界中で山火事が発生し、コアラなどの貴重な野生動物たちが何万匹も死んでしまったり、大洪水や地震などの異常気象も止まらず、感染症から環境問題まで深刻な世界規模の問題が多発しています。それも過去では考えられないようなスピードで、全世界でほぼ同時に起こっているのです。

たとえば、過去にインドで大型サイクロンが起こり、そのすぐあとに、日本やほかの国でも巨大台風が起こっています。

そして、いまは、大規模なウィルスが世界中に飛び火し、これまでにない世界的な分離を経験しています。

世界の人たちの意識はつながっていますから、一つ起こると次々に類似した問題が世界各地で起こるようになってしまっています。

覚えておいてほしいのは、いま起きていることはすべて人々の過去の意識によるものです。過去の集合意識が強い恐怖心や恐れなどの周波数として残っていて、それがとても重い周波数になっています。

この集合意識が、いまのさまざまな問題となって目の前で起こっているのです。

ですから、まずはこれらの問題を認めましょう。

そして、いま起こっていることは、未来でも起こり得ます。


では、どう対処すればいいのでしょうか？

私がやっている方法はとてもシンプルです。それに意識を強く向けすぎないこと、恐怖心や不安感を抱きすぎないことが大切です。

もしも、そういう感情が出てきたら認めて手放していくこと、そして、ブロック解除などをして潜在意識を書きかえて、波動を整えていくことです。

問題に対しては無関心や無視ではなく、向き合うことが大切ですが、過剰に心配しすぎたり、悲しくなりすぎたりすると、その波動がまた集合意識をつくってしまいます。

そうすると、同じようなことが繰り返されてしまいます。

そうではなく、まず自分をしっかり癒して、心を静めて、波動を整えることを意識しましょう。そして、できればそれらの問題に愛や光を注いで、調和させていきましょう。

特に、ライトワーカーやスターシードたちはイメージでよいので、そこへ光をあててください。現実の世界から一歩下がって、現実の世界に入りこみすぎないこと。

そして、自分自身が平安で日々ゆるく楽観的にいることが大事だと思います。未来に明るいイメージをもち、その周波数を感じる人が増えてくれれば、その現実を地球に住む全員で共有して体験することができますから、自分がいまどんな気持ちか、いつもどんな状態かに意識を向けて、波動を整えることを続けていきましょう。


地球の次元が上がっているいま、こういう問題はこれからも出てくると思います。集合意識のいままでの膿出しをしていますから、これは地球がよい方向に向いていて、いままでの逆走していた出来事があぶりだされているのです。

自分自身の感情もそうだと思います。みんなが同時期に同じようにこの地球規模の問題について向き合い、自分自身と向き合っているのです。

光が強くなっているからこそ、さまざまな膿出しが起こってきています。

ネガティブにとらえれば、とても大変な出来事に感じますが、地球が次のステージにシフトするための現象ですから、過剰に恐れず、いつも平安の中にいましょう。みなさんはこの地球を調和させる力をもっていますので、悲観せず、自分を癒し、光の集合意識をどんどん送っていきましょう。

それで、いまの地球を調和させていくのです。

誰もが、〝安心、ホッとする、リラックス、好きなことをやる、無になる〟の境地でいれば、ハイアーセルフとともにいて、すべてがうまく回っていきますし、簡単にみんながよくなってしまうんだと思います。

でも、いままでの私たちは逆走しまくっていて、長らく逆走システムの中に入りこんでいたので出口がわからず、止め方がわからなかったのです。

そして、このアセンションのときに、宇宙から強制的に、みなさんが本来の自分のリズムを思い出し、ハイアーセルフとつながるために強制ストップが起きているのではないでしょうか。

これから、どんどん愛の世界や光の世界へ向かって、システムが変わったり、社会世界が大きく変容してくるでしょう。

そして、その世界をつくるのは私たち一人ひとりなのです。私たちはそれをやりたくて地球に来ているのだと思います。

また、いま、地球自体の波動がどんどん上がっていますので、スターシードやライトワーカーだけでなく、人類全体の波動も上がってきています。

「体調がなんだか悪い」、「昔よりもいろいろなものに敏感になっている…」など、いろいろな変化を感じている人が増えているのも、この地球の波動上昇と人類の波動上昇が一つの原因ではないかなと思っています。

しかし、これは私たちにとって最高のチャンスなのです。

宇宙が、意識上昇、意識覚醒のきっかけをくれたということと、私たちはこのアセンションという世界を体験したくていま地球にいると思うのです。

実際、２０２０年以降、人類はアセンションの階段をどんどんスピードアップして昇っていきます。ある程度変化する準備をしているのと全然準備をしていないのでは、これから起こることへのとらえ方がまったく変わってきます。準備していないと、これから起こるであろう出来事のスピードに対応できなかったり、対応するのに疲れてしまったり、息切れしてしまったり、足が動かなくなったりと、いろいろな面でとても大変になるかもしれません。

それなりに心構えをもって、準備しておけば、地球と人類が大きく変化していってもスムーズにその波に乗ることができるでしょう。

そのためにも、今日からできる簡単なエクササイズをゆる〜くやって（なにごともがんばりすぎないこと！）、ハイアーセルフとしっかりつながり、自分の内なる声をキャッチして、自分を自動操縦できる人になっていきましょう。

特にこの本にピンと来て、読んでくださったみなさんはハイアーセルフに導かれてこの情報を見ているので、準備ができた方だと思います。

自分の内側には素晴らしいものをすでにもっている、ハイアーセルフそのものであったのだということを思い出すことからはじめていきましょう。

大事なことなのでもう一度言いますが、本当はアセンションエレベーターには全員が乗っています。そして、宇宙の力で、エレベーターは勝手に上昇していってくれているのです。

ですから、なにも怖いことはありません。未来を不安がらず、いつも安心していてください。どんなことが起きても、安心の波動領域にいるということは、宇宙の最高の波動の中にいるということです。私自身も、つねに安心の中に気持ちよくい続けています。

よく相談の中に「アセンションをするときには自分の周りの人たちも一緒にいられますか？」というものがあります。

地球のアセンションにともない、いままでつき合っていた人たちになんとなく違和感を覚えたり、彼らが突然いなくなったりすることもあるかもしれません。

でも、それは、それぞれの霊的成長の度合いが異なるので、波動が違ってきていて、価値観が合わなくなってきている証拠なのです。

それぞれがそれぞれの世界観の中で楽しめばいいだけのことですから、みんなが大きなアセンションエレベーターに乗っていると信じて、不安にならず、宇宙にゆだねていくといいでしょう。

いままでの重い波動を持ちつづけて生きていきますか？

本当のあなた自身となって、軽やかに生きていきますか？

すべては、あなたにゆだねられていて自由です。その主導権はすべてあなた自身なのです。

安心とリラックスの境地でいれば、自動操縦の形でどんどんよい渦がつくられて、道がひらけてきます。

逆に、「急がなきゃ！　このままじゃいけない！」と焦って、不安や心配の波動をもっていると、宇宙の流れとは逆走になってしまいます。

この部分こそ、私がみなさんに一番お伝えしたいところです。どんなに外が嵐でも、安心リラックスを心掛けることで自分の内側はいつも晴れていて、自分自身がよくなり、周りもよくなり、地球や宇宙へ愛の光が循環していくことになるはずです。

さぁ、古い殻を脱いで、本当の自分に還りましょう。

そして、みんなで一緒にアセンションエレベーターに乗って、次元上昇の旅をすることを楽しみましょう。

今世、同じときを過ごしている奇跡に感謝します。

世界の平和と、人々の幸せと、
地球の進化を祈って、インドから愛と光を…。

スピリチュアルａｋｉｋｏ

スピリチュアル akiko

スピリチュアルヒーラー・チャネラー・宇宙の法則エネルギーワーカー。長野県出身。いま現在はインドで夫と3人の子どもたちと暮らす。2015年から、スピリチュアル活動をはじめてトータル2000人ほどのセッションや講座をこなす。霊視、チャネリング、潜在意識書きかえ、宇宙語が得意。自分自身がまったくスピリチュアルな能力がないところから、徐々に能力が開花してきた経験から、誰にでも潜在的にスピリチュアルな能力がある事に気づき、その事実を伝える活動をしている。「スターシード★オンラインサロン」を運営。

ブログ「自分の心のwakuwakuエネルギーを生きる」
https://ameblo.jp/earth-healing-akiko/

ゆる～く、楽して、ミラクルを手に入れる！

アセンションエレベーターに乗る4つの鍵

2020年 8 月7日　第一版　第一刷
2020年10月8日　　　　　第三刷

著　　者　スピリチュアルakiko

発 行 人　西 宏祐
発 行 所　株式会社ビオ・マガジン
〒141-0031　東京都品川区西五反田8-11-21
五反田TRビル1F
TEL:03-5436-9204　FAX:03-5436-9209
http://biomagazine.co.jp/

編　　集　北條明子（HODO）
デザイン　堀江侑司
イラスト　ツグヲ・ホン多
D　T　P　大内かなえ
校　　閲　株式会社ぷれす

印刷・製本　株式会社シナノパブリッシングプレス

ISBN978-4-86588-084-7 C0011